横山カズ KAZ YOKOYAMA

ビジネス英語

COMPLETE TRAINING SET

パワー音読
トレーニング

Gakken

はじめに

___

自分だけの「型」を作り、英語を「翼」に変えて

　いわゆる英語習得の「才能」「センス」「発話の瞬発力」は生まれ持ったものではなく、大人になってからでも必ず手に入れることができます。自分を「主人公」にして「興味のあることだけ」を追いかけ、トレーニングに励むことで、英語で言いたいことを瞬時に表現する力を身につけることができます。

　本書でトレーニングすればするほど、ふだん英語に触れるときに「自分が思い、考えていること」に対応する表現が、目や耳に飛び込んでくるようになることでしょう。
「自分が主人公」の状態で学んだものである限り、本書で培った英語力はいつでも必要なときに、少しずつ形を変えながら、瞬間的に口から出てくるようになります。英語を通して自分を知り、自分の興味を追求してください。

「どんな状況に置かれても、自分らしい英語が話せる」ようになれば、本書はその役割を果たしたことになります。
「本書」という滑走路から飛行機が飛び立ち、自由に飛べるようになるイメージです。

「おそれず、とぎれず、たじろがず」、あくまで自由に英語を駆使し、現実を変え、未来への扉を開いてください。
　そして時々でいいので、「本書」という滑走路に着陸して「感覚の補給」をしていただければ望外の喜びです。

　行き場のない力を解き放ち、自分だけの解答を。
Eventually, the spark comes.

横山カズ

Contents

音声のご利用方法

方法 1 　音声再生アプリで再生する

右の QR コードをスマホなどで読み取るか、下の URL にアクセスしてアプリをダウンロードしてください。ダウンロード後、アプリを起動して『ビジネス英語パワー音読トレーニング』を選択すると、端末に音声がダウンロードできます。

https://gakken-ep.jp/extra/myotomo/

方法 2 　MP3 形式の音声で再生する

上記の方法１の URL、もしくは QR コードでページにアクセスし、ページ下方の【語学・検定】から『ビジネス英語パワー音読トレーニング』を選択すると、音声ファイルがダウンロードされます。

ご利用上の注意

お客様のネット環境およびスマホやタブレット端末の環境により、音声の再生やアプリの利用ができない場合、当社は責任を負いかねます。また、スマホやタブレット端末へのアプリのインストール方法など、技術的なお問い合わせにはご対応できません。ご理解いただきますようお願いいたします。

「剛の英語」から
「柔の英語」へ！

英語習得の「才能」「センス」、そして英語スピーキングの「瞬発力」を、パワー音読で手に入れましょう！

この章では、英語運用能力を高める方法、パワー音読（POD）の理論および実践法について紹介します。

英語スピーキングを制する
「5つの武器(要素)」

本書の目的とは

　本書は英語4技能の1つである「スピーキング」にターゲットを絞り、**英語を「瞬間的に思いつき、自在に話す」ことに特化し、焦点を当て**ています。

　これまで英語講師として、楽天グループ株式会社、日経ビジネススクール、JALグループ、医療機関、大学、高校などで何千という社会人や学生の方々からいただいた質問・相談の中で、常に一番多かったものが、

「プレゼン自体は暗記で何とかなるが、その後のQ&Aがこわい」

「フォーマルな会議が終わった後のくだけた、カジュアルな会話でまったく話せず、聞き取れないし、ついていけない」

　といったものでした。参加者の中には、楽天などの英語が公用語の超大手企業で働くビジネスパーソンの方もいれば、国際的な医学学会に参加される医師の方もいます。英検1級、TOEIC900点以上取得という方も少なくなく、知識や語彙力も相当あるしっかりとした努力のできる方々です。

　英語学習において大切なことは、私たち学習者の母語が同じ日本語である限り、強化すべきポイントは常に同じである、と私は考えています。**英語の運用能力を飛躍的に高めるには、まず理想とする能力を設定し、それに近づける具体的な戦略を立てることが非常に重要**です。

　英語スピーキングを習得する方法としては、音読、シャドーイング、リピーティング、オーバーラッピング、とさまざまな独習法があり、そのどれもに一定の効果があると思います。

　しかしながら、私は講師として、英語の資格や知識量のレベルを問わず、どこで講演をしようと受けてきた悩みは、煎じ詰めればいつも同じものでした。

「言いたいことはあっても、英語が瞬間的に思いつかない」

　そして、それはまさに私が同時通訳者となるべく、日本国内で英語を独学

する過程で直面した課題と同じでもありました。

　私自身、当然、英語のリーディングにも取り組みましたし、語彙を増やすために単語や表現の暗記も頑張ったものです。そして独学を始めて数年が経ち、最後に残った課題はやはり、「英語が全然思いつかない、聞き取れない」ということだったのです。

　しかしながら、それからさらに数年が経ち、同時通訳者として稼働し始めることができ、また、ICEE*という英語の運用力トーナメントで、早期バイリンガルの人や帰国子女の方々も参加されるなか、幸いにも複数回優勝することができました。

　並行してそれまでの間、私は少しずつですが研究を重ねていたのです。

　世の中は広いもので、くやしいことに才能や環境に恵まれた人は存在します。当時、私と同年代で、驚異的に英語の習得が早い何人かの人たちと知り合うことができました。彼らの多くは、のちに海外留学に行きましたが、留学前から私がショックを受けるほど流ちょうに話し、思っていることを自在に英語で表現できたのです。

　また、彼らや帰国生、長期留学経験者が複数のネイティブスピーカーと談笑している際、話についていけなかったときのつらさやくやしさは耐え難いものがありました。わずかながら持っていたプライドもズタズタに引き裂かれたものです。

　あまりのショックに、嫉妬を持つヒマもなく、打ちひしがれてしまいました。「あんなに努力したのに」という気持ちもありました。

　何の答えも見いだせないまま数年が経ちましたが、勉強だけは続けていました。ふがいないことですが、努力はただの現実逃避の手段になりかかっていた気がします。でも、あきらめきれなかったのです。

　そんななか、私はあることを思いつきました。「才能がないならば、作り

---

*ICEE英語検定（Inter-Cultural English Exchange）：英語の運用能力を全方位的に試験するトーナメント形式の英語資格兼コンテスト。ディベート、同時通訳、交渉、ジャーナリスティック・インタビューなど、実際の英語使用環境において、すべてが即興で行われ、実践的な英語運用能力を測定する。

出してしまえばいいのではないか」と。彼らの話す英語を注意深く観察し、それに対応する日本語を考え、あたかもストーカーのように徹底的に分析することを始めたのです。

「すべてを知る」のではなく、「すべてに影響を与えるスキル」

ビジネス現場、交渉、ディスカッション、ディベート、同時通訳、果ては恋愛まで…。実際の英語のスピーキングは、教室内やテキストの上で行われる練習とは、「その状況の変化に限りがない」という点において一線を画しています。

そして、いくら読書量や知識、語彙が大量にあっても、実際のスピーディーな会話や議論において「初動」が遅ければ、それは存在しないのと同じです。

その無限ともいえる変化に対して、私は、「すべてを知ろう」として対応を試みていました。多くの日本人英語学習者のみなさんも、まじめであるがゆえに同じく、「知識や語彙の量」という「量の勝負」を無意識に選択する傾向にあります。しかしながら、私独自の研究ではありますが、「才能に恵まれた」彼らの対応方法はそれと真逆をいくものでした。

わずかな語彙のコンビネーションを恐るべきレベルで使い回すことによって、あらゆる変化に即応していたのです。そしてその過程で、私は、「たったこれだけの語彙が、これだけの力を持っているのか！」と実感を持って驚き、納得することができました。

語彙を柔軟に使い回し、自分自身の気持ちを自在につなぐことで、**「すべてを知る」のではなく、「すべてに影響を与えるスキル」**を彼らは持っていたのです。

まるで武道の達人。

本書に登場する語彙は非常に限られており、そのほとんどは中学校前半で習うもので、「忘れることのほうが難しい」レベルです。限られた語彙であっても自在に使い回すことができれば、スピーキングにおける忌まわしい「ど

忘れによる発話の停止」を、ほぼ完全に避けることが可能です。

　言い換えれば、本書の語彙レベルは英語という言語全体のほんの一部にすぎませんが、この技術体系を習得することは「英語全体の運用能力の習得につながる」ということです。

　知識に頼った「剛の英語」から、スキルの習得に根差した「柔の英語」への転換となります。

「5つの武器（要素）」ですべてが変わる

　より具体的には、

無生物主語

基本動詞（＋前置詞）

関係詞（who, what, where, when, why, how）

it

,（カンマ）which

の「5つの武器（要素）」を軸に、本書の技術体系は展開するように構成してあります。

　楽天や日経ビジネススクール、そして JAL グループなど多くの企業で最も求められていたのは、「自分自身の思いや思考、そして感情を自在に口から出せること」でした。そこで参加者が最も効果を実感したのが、これらの「5つの武器（要素）」だったのです。

　この「5つの要素」というシンプルな武器は、いわば巨大な渦の中心、または高速で回転するコマの心棒で、私たちの英語を大きく回転させてくれます。「5つの要素」から成る心棒が、1人1人の感情や思考を英語と一体化させ、会話の流れも、感情のやりとりもすべてはここから始まります。同じく知識や思考も、すべてはここを起点に増加していくのです。

　本書の練習体系でトレーニングすることで、関係詞、無生物主語、基本動詞（＋前置詞）という一連のシンプルな語彙から成り立つ表現たちが、単なる知識の羅列ではなく、一貫性のある技術体系として浮き彫りになってきま

す。

「すべて同じなんだ！」と感じたときには、自由に英語が思いつく素晴らしい運用能力が身につき始めています！

　将棋やチェスの駒は数が限られていますが それらが生み出す「手」は天文学的な数字となります。関係詞、無生物主語、基本動詞（＋前置詞）が生み出すコンビネーションはこれにきわめて似ていて、無限に変化する感情や思考のやりとりを容易にしてくれるのです。 カジュアルなやりとりもスピーディーで快適にこなせるようになり、ビジネス相手との信頼関係や友情も強固になることでしょう！ 「人対人」が本書のサブテーマです。

　これらの武器を存分に活用して、英語スピーキング全体の扉をこじ開けていきましょう。

　練習するにつれて、スピーキングの現場で

「おそれなく」対峙し、

「とぎれなく」話し、

「明確に」伝え、

「余裕を持って」理解する、

という一連のサイクルを成立させ、英語を話し、聞くことに自信を得ることが、本書のねらいです。

　これらのスキルは、きれいごとではなく、ビジネス、留学準備、スピーキング試験を含めた現実で変化を起こすため、あくまで「実際に役立つ」ことのみが目的なのです。

「流ちょう性」は特化して養成できる

　現在でこそ、JAL などをはじめとする企業の現場で同時通訳や英語の講師を仕事にしている私ですが、今でもよく直面する議論があります。それはすなわち、

「英語をペラペラ話したいなんて、もってのほかだ！ もっと読書で中身を磨きなさい！」

「英語はとにかく英文の速読や多読をすればうまくなるんだ！」

　という意見です。

　そして、私自身および私の生徒さんたちの経験をまとめて言えば、それは「参加しなくてもいい議論」です。「英語で議論して楽しむ」能力の獲得に専念すればいいだけのことなのです。

　ちなみに私は、同時通訳者になる前から、TIME や Newsweek、The Economist などの各種の英字新聞・雑誌のリーディングにも取り組んでいたのですが、流ちょう性の向上はほぼゼロでした。黙読や多読で流ちょう性の獲得はできません。

　私は英語力を磨くかたわら格闘技を何種類か経験してきましたが、筋トレでただ筋肉を増やすだけでは「運動センス」や「素早さ」がまったく身につかないことと非常に似ていると思いました。

　リーディングによるインプットは大切ですが、それだけでは現実的にはスピーキング力の大きな向上は望めません。

　でも、心配はありません。

　本書では、練習することにより、英語を話すスキルが習得できるように設計してあります。

　逆説的に聞こえるかもしれませんが、「先にスキルだけ手に入れてしまうと、"中身の充実"もより効率的にできる」ようになるのです。

　英語を自在に使える技術があれば、中身は個人個人の必要に応じて充実してくるものです。

　例えば、母語である日本語であれば、まだ本もほとんど読めない幼児のころから、「シンプルな単語を自在に使い回すスキル」はすでに体内にインストールされ、自動化されています。しかし、大人になってしまった我々にとって、外国語である英語ではそうはいきません。

　ならば、そのスキルを手に入れましょう！

そのための本書なのです。

　最小限のトレーニングで、英語を話す「才能」「センス」を手に入れましょう。そう、英語を自在に話す「才能」は、自分の意志で手に入れられるのです。

主人公はあくまで「自分自身」！

　前述した英語スピーキングの「5つの武器（要素）」を練習する過程で、「自分自身の感情、思い、思考」に興味を持つよう心がけましょう。そうすることで、自己のアイデンティティーを中心に英文を生み出すことができます。

　「自分自身の感情や思考にしっかりと興味を持てた時点で、英語習得の半分は終わっている」と私は考えます。

　その具体的な方法として、常に「これって英語で何て言うのかなぁ（I wonder how to say this in English.）」と自問自答するのです。本書で練習する表現が、だんだん思いつきやすくなっていきます。「1つの英語表現に、多数の日本語と感情がつながっている」状態が実現できるのです。

　また、本書で行う無生物主語と関係詞のパワー音読トレーニングにより、視界や思考、感情に表れるものはすべて、瞬間的に主語にとれるようになります。主語がとれれば、基本動詞が英文を作ってくれます。

　「この世で主語にとれないものはない」と実感し、「思えばすなわち英語」という状態にまで到達できます。

　これで限りなく「心がフリーな状態」で発話を始めることが可能になります。何の力みもなく話せることは、話す「内容・中身」に集中するパワーをたくさん与えてくれます。

　話すときの心理的なプレッシャーの多くは、「瞬発力の向上」によってなくなってしまいます。硬直した感情は、自由になりたがっています。

　「思いを解き放ち、表現すること」は本質的に快楽であるべきです。

下がりようのないモチベーション

　不思議なのですが、このように「シンプルな語彙の極限の運用」を楽しみ、スピーキングに自信がつくほど、「語彙や知識を増やさないと英語はできないんだ！」という幻想から解放され、ストレスなく読書やボキャビルに取り組めるという良い循環を生み出します。

　「語彙が多くなくても話せる」「ど忘れしたって平気！」という自信は、むしろ学習意欲の後押しとなります。

　上達が感じられる限り、モチベーションは落ちないものです。

　日本語で話す際、本で読んで得た知識を口に出しやすいのと同じだと言えます。ゆえに、「自動化されたシステム」は、学んだ知識と語彙とあっさりと溶け合い、また自分の人格や感情とに織り上げられ、それは必ず自分の発話となって表れます。

　そして、最後には日本語を使うような感覚で「モチベーションがあってもなくても、普通に英語は使えている」という事実だけが存在するようになります。

「きれいごと」抜きの「有事の際になめられない技術」を

　本書の「実戦！　トレーニング」の章は３つのパートから構成されていますが、最後の PART 3 は、英語による上司と部下の交渉における攻防戦を扱っています。

　暗記したプレゼンを終えた後のガチンコの Q&A（質疑応答）、ミーティング後の会食などでのフリートーク、上司やライバルとの議論など、**準備のできないアドリブのスピーキングの力はビジネスで不可欠のスキル**です。

　ここでは前述した「５つの武器（要素）」に加え、交渉やディスカッションの実際における、きれいごとなしの「実戦的な戦術」もできるだけ盛り込むようにしました。

　上司と部下が互いの腹を探り合い、失言などのリスクを減らし、時には聞き手に回って相手に発言させ、互いに自分の立場を守りつつも「会社を守

り、共にサバイバルする」という目標に到達していきます。

　会話の中には、いわゆる「回りくどい」「めんどくさい」しゃべり方も出てきます。のらりくらりと責任を回避し、相手をイライラさせることさえ実戦では時に必要です。

　ただ、本書の練習では、他山の石としてクスリと笑っていただければうれしく思います。

　とにかくPART3ではぜひ、「5つの武器（要素）」がいかに実戦における戦術と溶け合った不可分のものであるかを実感いただきたいのです。

　本書で一貫して提示している「変幻自在の対応力」は、このような「対決」の場で、相手をできるだけ傷つけず、互いの勝利を呼び込むために威力を発揮してくれます。言うなれば、「対すれば相和す」といったところでしょう。

英語スピーキング
「力の抜きかた」の極意

「話の流れ」をつかみたいなら、以下に挙げる単語を冷静にキャッチすればいいのです。

英語の実際の運用においては、中学1年生のときに学んだ「忘れたくても忘れられない」簡単な単語が、実に約 **60%** も占めています。

まずは、ざっとでいいので以下のリストを見てください。

1. 10 語に 1 語は he か and

2. 5 語に 1 語は of, to, I

3. 4 語に 1 語は the, of, to, I, a, in, that, you, for

4. 3 語に 1 語は the, and, of, to, I, a, in, that, you, for, it, was, is, will, as, have, not

5. 2 語に 1 語は上記のすべての他に、以下が加わる。

be, your, at, we, on, he, by, but, my, this, his, which, dear, from, are, all, me, so, one, if, they, had, has, very, were, been, would, she, or, there, her, an, when, time

6. さらに次の 48 語が加わると、日常表現の「60%（スピーキングではそれ以上）」をすでにカバーしてしまう。

go, some, any, can, what, send, out, them, him, more, about, no, please, week, night, their, other, up, our, good, say, could, who, may, letter, make, write, thing, think, should, truly, now, its, two, take, thank, do, after, than, sir, last, house, just, over, then, work, day, here

（出典：『英語通訳の勘どころ』［小林薫著、丸善ライブラリー、1999］の中
の The Thousand Commonest Words Arranged in the Descending Order
of Their Frequency より）

　この統計は英語の書き言葉についてで、スピーキングの実際においては、
その割合は 60％ どころではなく、70％、場合によっては 80％ を超えると考
えられます。
　すなわち、これらの簡単な言葉のコンビネーションは、会話における**文脈
や人間の感情を吸い上げる「余白」を持っており、これらの単語の組み合わ
せとその使い回しに長けている人は必然的にスピーキングの習得が早い**とい
うことになります。
　また、これらの単語は、ビジネスだけではなく生活のあらゆる局面におけ
る本音のコミュニケーションで、分け隔てなく使われています。
　小さな子供と大人の両親が問題なくコミュニケートでき、シンプルな歌の
歌詞が老若男女の心の琴線に触れ、政治家の名スピーチが支持者の心に響く
理由もここにあります。
　まずはこれらの単語を極限まで使い回せることが、自由なスピーキングへ
の最短距離です。

　では、どのように使い回せばいいのでしょうか？

　その答えは、**無生物主語と関係詞節を中心とした単語のコンビネーション**
にあるのです。
　本書で音読練習をすればするほど、これらの単語は、私たちがふだん日本
語で「思い、考えていること」を吸い上げ、英語で表現してくれるのです。

パワー音読（POD）®の実践法

パワー音読（POD）®のやり方

　ここで「パワー音読」の具体的な方法を記しておきます。このプロセスを通して、「実戦！　トレーニング」の練習は1日15〜20分でできます。1文だけなら数十秒です。朝起きたとき、通勤時、夜寝る前など、毎日スキマ時間に行う習慣をつけてください！

　なお、「実戦！　トレーニング」では、毎回のユニットにAとBの2人による会話を使います。両方のパートを一気にパワー音読しましょう！

1. チャンク音読

　音読する文を、意味のまとまりごとにとらえて読みます。関係詞から成る意味の「かたまり（名詞節）」を、1語の名詞として瞬間的に処理し、想起できるようになります（一語認識）。

　英文の基本構造はあくまで、**A is B** か **A does B** です。

　英文を区切って、どの部分がAに当たり、どの部分がBに当たるのかをしっかりと意識します。ポイントは「名詞節」で区切ることです。

2. ノーマル音読

　1つ1つの単語の意味や発音を意識しながらゆっくり読みます。

3. ささやき音読

　日本語は母音で終わる言葉であるために、日本人が英語を発音するとどうしても子音が弱くなってしまいます。会議室やホールの前のほうにいるつもりで、口から声を出さずに、息の力だけを強く使って、一番後ろにいる相手にささやきかけるように音読します。

　やってみるとわかりますが、こうすると母音が響きません。必然的に子音だけで発音するしかないのです。ささやき音読は「子音だけを濃縮してインストール」して、英語らしい発音、英語が聞こえる耳を身につけるとっておきの方法です。

4. 和訳音読

　自分で英文を和訳して音読します。意味ではなくて、感情にストンと落ちる言葉にするのがポイント。5.の「感情音読」につなげるためのステップです。

5. 感情音読（PODの真骨頂！）

　感情を込めて英文を音読します。AのパートからBのパートに移行するとき、感情の切り替わりを感じてください。

　英文と感情が完全にリンクするまで繰り返したら、次はいろいろな感情を込めて音読しましょう。これによって、さまざまな感情のときに同じ英文を使い回せるようになり、また、相手の気持ちにも敏感になれるため、コミュニケーション力がぐっと向上します。

6. タイムアタック音読

　5.の「感情音読」を連続して、繰り返し行います。なるべく速いスピードで音読し、キッチンタイマーやスマホのカウンター機能を使って、5分間で何回音読できたかを記録しましょう。

　次に、WPM（Words per minute：1分間に話される語数）を計算して書き込んでおきましょう。計算の仕方はp.23を参照してください。

　以下は3つのパート（各ユニット）の目標WPMです。パートが進むにつれて速く音読できるように、何度も練習してください。

PART 1 (UNIT 1 〜 6)：150WPM

PART 2 (UNIT 7 〜 17)：200WPM

PART 3 (UNIT 18 〜 28)：300+WPM

どこまで速くなるか、楽しみですね！

「パワー音読トータル・ワークアウト」について

速効性のあるリスニングと発音の「劇薬」の使い方

練習目的

「力まずラクに話す技」
「相手にもわかりやすい発音」
「英語がよく聞こえる耳」
　を一気に手に入れる！

　本書のパワー音読（POD）®トレーニングでは、次のように表記された英文を使います。

WHAt do you think CAUsed all the LOsses and damages?

●アルファベットのグレー字は「〜ッ」のように、はっきり発音しないよう注意してください。そして、大文字のカラー字は「強く［高く］」発音します。この練習によって、「力まずラクに話す技」と「相手にもわかりやすい発音」、そしてリスニングで「英語がよく聞こえる耳」を手に入れます。

●リスニング力を高めるために、グレー字部分「〜ッ（発音し切らずに「寸止め」する）」の音は、意図的にかなり極端に省略されています。（「最も極端な省略」を知ると、それ以外の音のパターンは聞き取れます！）

　最初は違和感があるかもしれませんが、この「ショック療法」で「聞こえる耳」を手に入れてください！

●グレー字とカラー字による表記で練習することにより、千変万化するイントネーションや手加減なしに話される英語の音変化への柔軟な対応力を養います。また、聞き取りが最も難しい機能語が聞き取れるようになり、英文の構造の聞き逃しがなくなります。そして、音の変化をまねしたり、微細な音の変化に表れるニュアンスにも気づけるようになります。

学習ページの構成

ダイアローグ（会話）
AとBの会話を使ってトレーニングします。最初に、ページの見出しとリードから状況をイメージしながら読んでください。ハイライト箇所は関係詞節や無生物主語、疑問詞句です。

日本語訳
会話の自然な日本語訳です。パワー音読（POD）トレーニングに入る前に一度、状況をイメージし、感情を込めて音読してください。

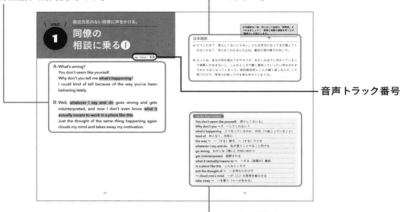

音声トラック番号

Useful Expressions
会話に出てくる重要表現です。特に重要な表現は繰り返し登場します。

センスを養う TIPS
会話で使われている重要フレーズや言い回しのポイント、「5つの武器（要素）」を使いこなすためのコツなどを解説しています。

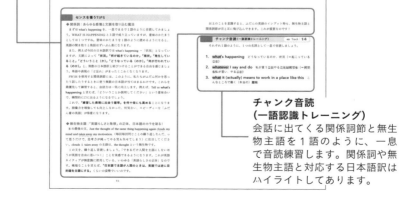

チャンク音読（一語認識トレーニング）
会話に出てくる関係詞節と無生物主語を1語のように、一息で音読練習します。関係詞や無生物主語と対応する日本語訳はハイライトしてあります。

パワー音読（POD）トータル・ワークアウト

会話の A、B の両パートを手順に沿って一気にパワー音読します。パワー音読の詳しいやり方は p.19 ～ 20 を参照してください。

パワー音読（POD）の注意点

パワー音読するときの注意点です。

パワー音読（POD）トレーニング用英文

会話の英文を発音しやすい表記で示しています。活用法は p.21 を参照してください。

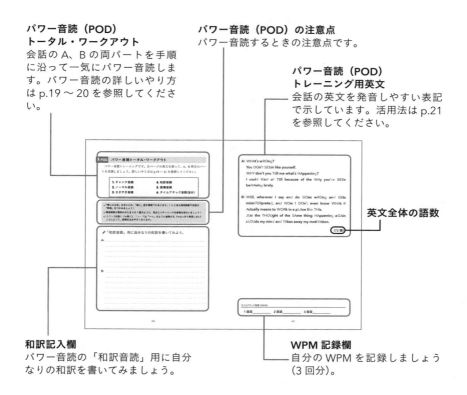

英文全体の語数

和訳記入欄

パワー音読の「和訳音読」用に自分なりの和訳を書いてみましょう。

WPM 記録欄

自分の WPM を記録しましょう（3 回分）。

WPM の計測法

WPM（Words per minute）は、「1 分間に話される語数」のことです。自分の WPM を、以下の計算式で計ってみましょう。

英文の語数 ÷ 読むのにかかった時間（秒数）× 60

時間の計測には、スマホのタイマーやキッチンタイマーなどを使うと便利です。なるべく速く音読することを目指してトレーニングに励んでください！

▌私の通訳者としての英語の源泉

中村光秀
英語通訳者、国内独学（留学経験なし）で英語を習得

　私は現在、自動車メーカーの社内通訳者として、社内での会議やプレゼンの通訳だけではなく、国際電話会議やメールのやりとりなども担当しています。通訳者としての実績はまだまだですが、これまでにオリンピック関連の通訳、G7関連の国際会議などでの同時通訳を経験してきました。もっともっと実践経験を積みたいと意欲に燃えているところです。

　あれは2015年のことです。通訳者になりたいと憧れを抱きつつも実力が伴わず、焦りばかりが募っていた矢先、カズ先生のパワー音読（POD）セミナーに参加しました。それがすべての始まりでした。

　カズ先生に出会っていなければ、国内「独学」での通訳者にはなれなかったと断言できます。

　先生からは、「寄り添う英語」の大切さを学びました。その大きな特徴は次の２つです。

① 瞬発力（減速力）

　以前、オリンピックで事務方トップの秘書兼通訳を担当した際、さまざまな国の人が入れ替わりで交渉に来ました。その中に英語をとても速く話す人がいたのですが、対話のリズムを壊さないように、通訳もテンポを上げて速めの英語で話す必要がありました。相手の速度に合わせて通訳を行った結果、「君がいたから気持ち良く話せた」と、感謝の言葉をいただきました。話すのが速い相手には速く対応し（瞬発力）、遅い相手には遅く対応する（減速力）ということです。

② 表現力

　社内通訳では圧倒的にノンネイティブとの会議が多く、通訳といえど「プレゼン」に通じるものがあります。高度な語彙は避け、what節を使って、相手にわかりやすく話す（表現する）ことがとても重要です。

　難訳語を「意図と行動」で、SVで訳す、パワー音読で速度の微調整も自在となり、英語と心を直結させる——パワー音読メソッドから学んだことが、実際の現場（通訳のみならず英語が必要なビジネス最前線）で生きています。

Chapter 2

「英語の感覚」
に慣れる

ビジネスの実戦トレーニングに入る前に、「英語の感覚」を
つかむ練習をしましょう。
日本語の発想から英語の発想に転換し、「5つの武器（要素）」
を使って、限られた語彙でも表現できる力をインストール！

「意味のストライクゾーン」を関係詞で極限まで広げ、定訳や直訳から解放され、「ど忘れ」に対応！

　関係詞で文脈や感情、意図をどんどん吸い上げるパワーを、まずは感じましょう！　多様で雑多な概念が、同じ言葉のコンビネーションでどんどん生み出されていることがわかります。少ない言葉で多くを表現できる、「意味のストライクゾーン」が広がることを実感してください。この感覚を楽しみ、手に入れましょう！　「その次のステップ」が非常に楽しく、充実したものになります！

　まずは「難訳語にその場で対応する」技術を、楽しみながら身につけてください。定訳を忘れてからが大事です。「こうなるのか！」と納得した後は、パワー音読で体に染み込ませ、表現と心を一気につないでしまいましょう。気に入った訳や発想に出会う感動と、自分の経験や感想の二段構えで、英語は忘れがたく、嫌でも情緒と思考を支配し始めます。

　関係詞の意味のかたまりは、あくまで1つの名詞であるととらえてください。これは「実戦！　トレーニング」の章で出てくる「チャンク音読（一語認識トレーニング）」につながります。たった数分でいいのです。この感覚が今後の英語の運用能力を左右します。

　この感覚が身につくと、英語を話すことや聞くことがこわくなくなり、「語彙や表現を増やしたい！」という欲求が不思議とどんどんわいてきます。

Q クイズ＆音読！　これを英語で何て言う？

「答え」は十人十色！　楽しくリラックスしてやってみましょう。その後、パワー音読してみましょう。

矛盾してますよ。

思いつきがちな単語　contradiction? contradict yourself?

➡ **That's not what you said.**

察してほしい。

思いつきがちな単語　guess?

➡ **Pay attention to what she doesn't say.**

この仕事が好きです。

思いつきがちな単語　like? job?

➡ **I enjoy what I do.**

あの人は頼りになる。

思いつきがちな単語　reliable?

➡ **He knows what he's doing. / He always knows what to do.**

沈黙に語らせる。

思いつきがちな単語　silence? speak? talk?

➡ **What they do not say matters.**

私のアイデンティティー。

思いつきがちな単語　identity?

➡ **What makes me who I am.**

あの人は私の恩師です。

思いつきがちな単語　teacher?

➡ He made an impact on who I am [what I am].

～することの意義は…

思いつきがちな単語　reason? for?

➡ What it means to ～

現実と理想の違いを知る。

思いつきがちな単語　reality? ideal?

➡ Know the difference between what it really is and what you want it to be.

苦手な分野

思いつきがちな単語　bad? unskillful?

➡ Where I come up short. / What I'm not good at.

底意／腹の中

思いつきがちな単語　gut? belly? bottom?

➡ What's behind what they are saying?

"こだわり"を持っています。

思いつきがちな単語　philosophy?

➡ I am what I am.

当社［私たち］はどうなるのだろうか。

思いつきがちな単語　how?

➡ I wonder where we're going.

流れでいこう。

思いつきがちな単語　flow?

➡ Let's respond to what is happening.

自分なりに頑張ってます。

思いつきがちな単語　try? myself?

➡ I'm doing what I can.

自己観察して進化しなさい。

思いつきがちな単語　observation? evolution?

➡ Know what you're doing wrong to learn how to get it right.

計画的に達成しましょう。

思いつきがちな単語　plan? achieve?

➡ Know what steps you need to take to get where you want to go.

アンテナを張っていきましょう。

思いつきがちな単語　antenna?

➡ Be aware of what's happening.

無理をしないようにしましょう。

思いつきがちな単語　too hard?

➡ Bring only what you can carry.

断捨離する。

思いつきがちな単語　cut? stop? throw out? detach?

➡ Decide what works for you and let go of the rest.

彼女はしっかりした人だ。

思いつきがちな単語　firm?

➡ She takes what she does seriously.

これはそんなんじゃないんです！

思いつきがちな単語　such a thing?

➡ It's different from what it looks like!!

見たまんまですよ。

思いつきがちな単語　look? same?

➡ It's exactly what it appears to be.

一瞬で KO された。

思いつきがちな単語　knock out?

➡ I ended up on the floor, wondering what (had) happened.

何手も先を読む。

思いつきがちな単語　read? future?

➡ Look to see what's behind what they say and do. / Focus on where it will be.

おもてなし

思いつきがちな単語　hospitality?

➡ Figure out and give them what they want.

言葉だけじゃなく気持ちも読んでほしい。

思いつきがちな単語　words? read? state of mind?

➡ Pay attention to not only what I say, but also what I do not say.

（＝察してほしい、空気を読んでほしい）

競合相手の"動向"を知っておけ。

思いつきがちな単語　trend? current situation?

➡ **Know what your competitions are up to.**

あなたのいいところはね〜だよ。

思いつきがちな単語　good quality?

➡ **What I like about you is 〜.**

はぐらかさないでよ。

思いつきがちな単語　evasive?

➡ **Take what I say seriously.**

ムチャをして体を壊すなよ。

思いつきがちな単語　excess work? to excess?

➡ **Know what your body can handle.**

ブレるな。

思いつきがちな単語　belief?

➡ **Don't miss what you aim at. / Be sure of what you do.**

人間万事塞翁が馬／先を見ていこう！／こんなときこそ視野を広く！／次があるさ！／まだまだわからないよ！／人生これからさ！／勝って兜の緒を締めよ

思いつきがちな単語　human? everything? horse?

➡ **Be open to what happens next. / You never know what happens next.**

自信を持ってね！

思いつきがちな単語　confidence?

➡ **Be sure of what you're doing!**

引きずらない。／切り替えが早い。／カラッとしてる。

思いつきがちな単語　switch?

➡ She knows how to put things behind her [herself].

仕方がない。

思いつきがちな単語　It can't be helped?

➡ What happened, happened.

飾らずにいこう。

思いつきがちな単語　dress up? ornament?

➡ We just go with what we are [have].

それは〜の定義によると思います。

思いつきがちな単語　definition?

➡ It depends on what you call 〜.

そこは手伝ってもらいましょう。

思いつきがちな単語　help? support?

➡ Let them do what you're not good at.

彼（＝故人）へのはなむけができた。

思いつきがちな単語　pass away? die? flower?

➡ He would have been happy to see what I'd done.

緊張しすぎて頭の中が真っ白に。

思いつきがちな単語　head? white? blank? empty?

➡ I was so nervous that I didn't even know what I was talking about.

安物買いの銭失い

思いつきがちな単語　cheap? lose money?

➡ **You get what you pay for.**

努力は報われる。／やった分しか見返りはない。／やればできるよ！／結果は正直なものさ。／やった分だけ身についてるものだよ！／ハッタリは通用しないね。／パフォーマンスがすべてだよ。／練習は決して嘘をつかない。

思いつきがちな単語　efforts? rewarded?

➡ **You get (out) what you put in.**

輪廻転生／因果応報／情けは人の為ならず／万物は流転する／因果はめぐる／歴史は繰り返す／流行は繰り返す

思いつきがちな単語　reincarnation? loop?

➡ **What goes around comes around.**

山高ければ谷深し／兵どもが夢の跡／天に向かって唾を吐く／今に痛い目にあうよ／驕る平家は久しからず

思いつきがちな単語　mountain? valley? emotion? everything? karma? pain? heike?

➡ **What goes up must come down.**

何も変わっちゃいないんだ…。

思いつきがちな単語　nothing? change?

➡ **What happened then still happens now ...**

自己嫌悪だ…。

思いつきがちな単語　self? hate? mockery?

➡ **I'm tired of being who I am ...**

今あるものを生かしていこう！

思いつきがちな単語 ｜ now? use? utilize?

➡ **Make the most of what you already have.**

あの子は自分の見せ方を知ってるなあ…。

思いつきがちな単語 ｜ attract?

➡ **She knows how to present herself ...**

みんな仮面をかぶって生きている。

思いつきがちな単語 ｜ persona? live?

➡ **We're what we pretend to be.**

本当に明るい人だ。

思いつきがちな単語 ｜ cheerful? friendly? sociable? outgoing?

➡ **She doesn't know how to be negative.**

あんな風にはなりたくない。／人の振り見て我が振り直せ［他山の石］

思いつきがちな単語 ｜ negative example? bad example?

➡ **He shows you what not to do and be like.**

やりがいは何ですか？／引退しない理由 ／やる気（の源）／そこまでやる理由 ／（いろいろ酒とか）やめられない理由

思いつきがちな単語 ｜ what? why? reason?

➡ **What keeps you going?**

自分らしくあること。／アイデンティティーがわかってきたんだ。

思いつきがちな単語 ｜ myself? identity?

➡ **I'm discovering "what it means" to be "who I am" ...**

で、それは私［ウチ］もやってますから。

思いつきがちな単語　it? that?

➡ **, which is what I did too.**

（※負けず嫌いには便利な言葉。何でもかんでも、「僕もそれやったことあるもん！」と返せてしまうため）

あなたはブレない人だ。

思いつきがちな単語　not centered?

➡ **You're sure of what you're doing. / You're sure of who you are!!**

期待に添えるか自信はないのですが…。

思いつきがちな単語　expectation? confidence?

➡ **I'm not sure I can do what they think I can ...**

"臨機応変" にやりますね。

思いつきがちな単語　flexible? change? adapt?

➡ **I'll just get into the flow and respond to what happens.**

彼、やることはちゃんとやってるんだよね。

思いつきがちな単語　important thing?

➡ **He does what matters most.**

たいていは心の問題なんだな。／根性が大事だよ！

思いつきがちな単語　problem? will power?

➡ **Much of what takes place is mental.**

見た目と中身（＝本質）を見極めよう。

思いつきがちな単語　looks? essential? heart of the matter?

➡ **See the difference between what it is and what it appears to be.**

"いろいろ積極的に"試しながら、"本当に自分に合ったもの"を見つけていこう！

思いつきがちな単語　positively? suitable?

➡ Try "as many things as you can" in order to figure out "what you're truly made for"!!

自分の"好きなこと"と、"才能"にもっと目を向けよう！

思いつきがちな単語　talent?

➡ Pay more attention to "what you like to do" and "what you're good at".

私って SNS に時間を使いすぎてて、現実の世界から大事なものが見えなくなってはいないだろうか？

思いつきがちな単語　use? world? important? can't? see?

➡ I spend so much time on social media that I'm missing what's going on in real life.

だから心配いらないって！　ちゃんとわかってるから。

思いつきがちな単語　certain?

➡ Don't worry! I know what I'm talking about!! / I know what I'm doing!!

持ってるものを生かして、力を出し切ろう！

思いつきがちな単語　discharge? output?

➡ Do what you can with what you have.

先がまったく見えないね。／私たち、どうなっちゃうの？／未来のことはわからないね。／方針が決まってない。

思いつきがちな単語　future? how? policy?

➡ I don't know where we're going ...

技を盗むのだ！

思いつきがちな単語　technique? steal?

➡ **Feed on what they do.**

（直訳「相手のやってることを養分にしなさい」）

やることがはっきり見えたら、集中力がわいてくる！

思いつきがちな単語　concentration?

➡ **Knowing exactly what to do gives you energy to stay focused.**

恥かいてなんぼだよね。

思いつきがちな単語　embarrassment? how much?

➡ **Who cares (about) what they laugh at?**

自分らしく堂々とやっている。

思いつきがちな単語　like myself? boldly?

➡ **I am what I am. / Who cares (about) what others do?**

それわかるよ！　自分もそうだったから。

思いつきがちな単語　know? understand? similar?

➡ **I know "what it's like" to have to go through what you're going through.**

まあ、実践力がすべてだね。

思いつきがちな単語　practice? ability?

➡ **WHAT matters is HOW you perform in reality.**

こっちには" 大義名分 "がある。

思いつきがちな単語　justification?

➡ **We have a reason for WHAT we're doing.**

見た目で判断すると、損するよ！

思いつきがちな単語　appearance? judge? loss? damage?

➡ Good things are NOT always what they seem (to be) ...

「知らぬが仏」って何て言う？

思いつきがちな単語　Buddha?

➡ What you don't know can't hurt you.

かゆいところに手が届く。

思いつきがちな単語　itchy? hand? reach?

➡ You know and give me exactly what I want.

無駄を切り捨てて、内容にこだわるのだ。

思いつきがちな単語　waste? contents? stick to?

➡ I better decide what's important to me and let go of the rest.

無理はだめだよ。

思いつきがちな単語　too much?

➡ Bring only what you can carry.

本質を見ないとね。願望を押しつけちゃいけないね。

思いつきがちな単語　essential? desire? project?

➡ We should know what a thing really is and what we want it to be.

他人の"目"は気にしちゃだめだ。

思いつきがちな単語　peer pressure?

➡ If you worry about how others feel about what you do, you're not really living your own life.

併用する強力な兵器「,（カンマ）which」

　会話で英文をどんどんつなぐ技術も押さえておきましょう。会話の主導権を時にはスマートに盗み取り、また時には強引に奪い取り、自分に有利に導くときにも有効です。

「, which = , and it（カンマ which イコール and it）」

　①「そしてそれ"が"ね」　②「そしてそれ"を"ね」

と覚えてしまいましょう。**相手が話している途中か話し終わる瞬間に応じ**るのが、この強力な兵器の使い方のポイントです。

で、それ**いいですよね、というのは〜**

➡　, which I think is great 〜 ① (because 〜)

で、それ**いいですよね、理由の１つ目は〜、２つ目は〜、３つ目は〜、な**ので〜

➡　, which I think is great 〜 ② (First 〜, Second 〜, Third 〜, Therefore 〜,)

で、それは**あまりよくないと思うんですよ、というのは〜**

➡　, which I don't think is a good idea 〜 ① (because 〜)

で、それは**あまりよくないと思うんですよ、理由の１つ目は〜、２つ目は〜、３つ目は〜、なので〜**

➡　, which I don't think is a good idea 〜 ② (First 〜, Second 〜, Third 〜, Therefore 〜,) 〜

で、それが**私らしさにつながってるんです**

➡　, which is what makes me who I am

なので、**こうして何度もこのことをお伝えしているんです**

➡　, which is why I've been saying this as often as I can

パワー音読メソッドで英語力が劇的に向上！

中山哲成
タクシー運転手、国内独学（留学経験なし）で英語を習得、第5回タクシー運転者「英語おもてなしコンテスト」最優秀賞受賞

　留学はおろか大学受験の経験もない私が、パワー音読メソッドに出会ったのは、30歳を過ぎ、英語の勉強をゼロから始めて2年が経過したころでした。当時の私は、自分のタクシーに外国人のお客様が乗車された際、暗記したフレーズを使って簡単な接客はできていたのですが、その後に続く雑談がうまくできずにいました。行き先や経路の確認など、ある程度予測可能な接客とは違い、筋書きのない会話では、お客様がどんな質問をされるのか、その場にならないとわかりません。フレーズの丸暗記だけでは対応不可能でした。

　話の内容を理解したい気持ち、そしてお客様に伝えたいメッセージが確かに自分の中にあるのに、英語で意思疎通できないのはもどかしいものです。それでも負けじと新しいフレーズや単語の暗記に努めましたが、雑談力は伸びず、「自分は英語の才能がないのでは」と英語学習への意欲を失いつつさえありました。

　そんなとき偶然、カズ先生の存在をYouTubeで知ったのです。その後、先生の書籍や講座から学ぶうちに、気がつくと英語の雑談だけでなく、タクシーの英語接客コンテストで優勝したり、イギリスの経済雑誌The Economistからインタビューを受けたりするまでにスピーキング力がアップしていました。

　これらはすべて、パワー音読メソッドで学習した成果です。わずか4年の独学で、なぜこのような成果を出せたのか。

　スピーキング力がなかなか上達しないとき、語彙力の不足に原因を求めてしまいがちです。しかし、実はスピーキングにおいて、語彙力はさほど重要ではないのです。大切なのは発想力です。スピーキングが苦手だったころ、私は頭の中で逐語的に、日本語に対応する英語を必死で探していました。でも、発想力があると、限られた語彙でも表現の幅は広がります。その事実に気づけば、スピーキング力は劇的に向上します。

　カズ先生のメソッドによって、私自身が身をもってそのことを経験しました。

Chapter

3

実戦！
トレーニング

いよいよ実戦トレーニングです。この章は３つのパートから構成されており、いずれもビジネスの現場でよく遭遇するシーンです。しっかりパワー音読を行い、「５つの武器（要素）」を使いこなし、臆することなく英語で相手に立ち向かう技を習得しましょう！

PART 1　同僚の相談に乗る
PART 2　効果的に自己アピールする
PART 3　Q&A（質疑応答）での応酬に備える！

トレーニングの軸となる
5つの武器 (要素)

- ☑ **無生物主語**
- ☑ **基本動詞** （＋前置詞）
- ☑ **関係詞**
  （who, what, where, when, why, how）
- ☑ *it*
- ☑ **,**（カンマ）*which*

この5つの武器を使いこなせると、
どんな場面でも、どんな相手でも、
単語をど忘れしても、

あわてず、英語が瞬間的に口から出せるようになる！

PART 1

同僚の相談に乗る

UNIT 1 〜 6 は同僚同士の会話です。
最近様子がおかしい B に、
A が心配して声をかけます。
相手を思いやりながら、
感情を込めてパワー音読しましょう！

A：What's wrong?

You don't seem like yourself.

Why don't you tell me what's happening?

I could kind of tell because of the way you've been behaving lately.

B：Well, whatever I say and do goes wrong and gets misinterpreted, and now I don't even know what it actually means to work in a place like this.

Just the thought of the same thing happening again clouds my mind and takes away my motivation.

日本語訳

A: どうしたの？ 君らしくないじゃない。どんな状況になってるか話してく
れないかな？ 何となくわかるんだよね、最近の君の様子のせいで。

B: えっとね、自分が何を言おうがやろうが、おかしなほうに向かってしまっ
て誤解しか生まないし、こんなところで働く意味っていったい何なのかさ
えわからなくなってしまって。毎回毎回同じことの繰り返しなんだ、って
思うだけで、思考力が鈍ってやる気も失せてしまうの。

Useful Expressions

You don't seem like yourself. 君らしくないよ。

Why don't you 〜? 〜してくれない？

what's happening どうなっているのか、状況（＝起こっていること）

kind of 何となく、何気に

the way 〜 〜（する）様子、〜（する）やり方

whatever I say and do 私が言うことやること何でも

go wrong おかしな［悪い］方向に向かう

get misinterpreted 誤解される

what it (actually) means to 〜 〜する（実際の）意味

in a place like this こんなところで

just the thought of 〜 〜を考えただけで

〜 cloud one's mind 〜が（人）の思考を鈍らせる

take away 〜 〜を奪う（＝〜が失せる）

◆ 関係詞：あらゆる感情と文脈を取り込む魔法

まずは what's happening を、一息でまるで 1 語のように音読してみましょう。WHAT IS HAPPENING と 3 語で成り立っていますが、意味のかたまりとしては 1 つですね。意味のかたまりを 1 語のように読めるようになると、英語の聞き取りと発話はずいぶん楽になります。

また、例えば今回の日本語訳では what's happening ＝「状況」となっていますが、文脈によって**「状況」「何が起きているのか」「現状」「発生していること」「どういうこと（か）」「どうなっている（のか）」「何が行われている（のか）」**と、無数の日本語訳と結びつけることができる自由を感じましょう。単語や表現の「ど忘れ」がまったくこわくなくなります。

5W1H を使用する関係詞節には、このように、私たちがふだん何かを思ったり話したりするときに使う無数の日本語が当てはまるわけです。これらを最優先して練習すると、会話力は一気に向上します。例えば、Tell us **what's happening** と言えば、「どういうことか説明してください」という意味合いで、瞬間的に口に出るようになるでしょう。

これで、**「練習した表現に出会う確率」を何十倍にも高める**ことになります。語彙力を増強しても向上しなかった、何気ない、スピーディーな「ふだん着の英語」が得意になります。

◆ 無生物主語：「英語らしさと発想」の正体、日本語のカラを破る！

B の最後の文、Just the thought of the same thing happening again <u>clouds</u> my mind and <u>takes away</u> my motivation.（毎回毎回同じことの繰り返しなんだ、って思うだけで、思考力が鈍ってやる気も失せてしまう）に注目してください。clouds と takes away の主語は、the thought という無生物です。

この文を、繰り返し音読しましょう。「できるだけ人間を主語にしないほうが英語を自由に思いつく」ことを実感できるようになります。これが英語ネイティブが無意識に使用している、いわゆる「英語らしさの正体」なのです。極端なことを言えば、**「日本語で主語が人間のときは、英語では逆に目的語を主語にする」**くらいの姿勢でいいのです。

以上のことを意識すると、ふだんの英語のインプット時も、無生物主語と関係詞節が目と耳に飛び込んできます。これが重要なのです！

チャンク音読（一語認識トレーニング）　🔊 Track | 14

それぞれ1語のように、1つの名詞として一息で音読しましょう。

1. **what's happening**　どうなっているのか、状況（＝起こっていること）

2. **whatever I say and do**　私が言うことやることは何でも（＝何でも私が言い、やること）

3. **what it (actually) means to work in a place like this**　こんなところで働く（本当の）意味

🎤 POD　パワー音読トータル・ワークアウト

パワー音読トレーニングです。右ページの英文を使って、A、B 両方のパートを音読しましょう。詳しいやり方は p.19 ～ 21 を参照してください。

1. チャンク音読	**4.** 和訳音読
2. ノーマル音読	**5.** 感情音読
3. ささやき音読	**6.** タイムアタック音読(5分)

✔「聞こえる耳」を手に入れ、「楽に」話す練習でもあります。1 人 2 役＆関係詞節で会話の「呼吸」をつかみましょう！
✔関係詞節の意味のかたまりが 1 語のように、英文にバチッとハマる感覚を味わいましょう！
✔カラー字は強く（＝高く）、グレー字は「〜ッ」のように省略する（＝はっきり発音しない）ことによって、感情を込めやすくなります。

✏「和訳音読」用に自分なりの和訳を書いてみよう。

A:

B:

A: WHAt's wROng?

You DOn't SEEm like yourself.

WHY don't you TEll me what's HAppening?

I could KInd of TEll because of the WAy you've BEEn beHAving lately.

B: WEll, whatever I say and do GOes wROng and GEts misinTERpreted, and NOw I DOn't even know WHAt it Actually means to WORk in a pLAce like THIs.

JUst the THOUght of the SAme thing HAppening aGAin cLOUds my mind and TAkes away my motiVAtion.

(72 語)

タイムアタック音読 (WPM)

1 回目＿＿＿＿＿＿　2 回目＿＿＿＿＿＿　3 回目＿＿＿＿＿＿

A: Hey, I don't know what happened, but you should stop being so hard on yourself.

You, I mean, nobody can control everything … instead of beating yourself up like that, why don't you focus on what you can actually do?

Maybe you should step back and see the whole picture, then you can probably find out what you're doing wrong so you can learn how to get it right …

B: Well, that's what I've been trying to do, but just so many bad things happened in such a short time that I don't even know where to start.

Lately, I've been thinking that this is just the kind of job where I always come up short, I mean I just don't have what it takes … this is not what I'm cut out for.

日本語訳

A: ねぇ、何があったかはわからないけど、自分をそんなに責めるのはやめた
ほうがいいよ。君、というか、誰だってすべてを思ったようにはできない
んだし…自分をそんな風に痛めつける代わりに、実際に自分ができること
に専念するのはどうかな？ 少し落ち着いて状況全体を把握するのもいい
と思うし、そうしたら間違いを発見して軌道修正もできると思うんだよね
…。

B: えっと、まさにそういうことをやろうとしてきてるんだけど、短期間で嫌
なことがあまりにも多く起こりすぎて、いったいどこから手をつけたらい
いかわからないの。最近思うんだけど、この手の仕事って私は必ず期待に
沿えない結果になってしまうし、何というか素質の問題なんだよね…私に
は向いていない仕事なんだ。

Useful Expressions

be hard on oneself 自分を責める（= beat oneself up）

control everything すべてを思い通りにする

instead of 〜 〜する［〜の］代わりに

beat oneself up 自分を責める（= be hard on oneself）

why don't you 〜? 〜するのはどうですか？

focus on 〜 〜に専念する

step back and see the whole picture 1歩下がって全体を見わたす［状
況・全体像を俯瞰する］

in such a short time こんな短期間に

come up short 期待に沿えない結果となる、（基準や水準に）及ばない

be cut out for 〜 〜に向いている（= be made for）

51

センスを養うTIPS

◆ シンプルな単語のコンビネーションに目が向くように

このユニットでは、関係詞節に加え、「基本動詞＋前置詞」のコンビネーションが多用されています。英語の資格試験対策や英字新聞の多読を行えば難しい語彙は増えていきますが、日常の何気ないやりとりで、そのような高度な語彙に出会う機会は思いのほか少ないものです。

例えば、「自分を責める」は blame yourself の代わりに be hard on yourself、「発見する」は discover の代わりに find out、「修正する」は correct の代わりに get it right、「期待に沿えない結果になること、欠点」は shortcomings の代わりに come up short、「素質」は talent の代わりに what it takes / what I'm cut out for などが出てくるようになると、職場や日常の会話で、自分にも相手にもストレスなく聞けて、話せるようになります。

大切なのはシンプルな単語のコンビネーションを学ぶことによって、同じようなパターンの表現に自然に意識が向くようになることです。真面目に英語学習に取り組んでいる人ほど「とにかく語彙を増やそう！」「単語を忘れることがこわい！」と思いがちですが、流ちょうに気楽に話している人ほど、このような言葉の使い回しに長けていて、それゆえに感情の込もった人間らしい会話をさらりとやってのけるのです。

◆「つっ込みどころ」をどう訳す？

Ｂの１文目の最後、I don't even know where to start は「どこから"手をつけたら"いいかわからない」という訳になっていますが、少し発展させて、There are so many inconsistencies that I don't even know where to start. とすれば、「矛盾が多すぎて、どこから"つっ込めば"いいかわからない」のように容易に応用ができます。「手をつける」「つっ込む」という**単語の逐語訳に惑わされず、英語的な発想に直結することが可能**になります。

◆ 難しい言葉を使うほど理解できる人は減っていく

「俯瞰する」もシンプルに！

　A が使っている step back and see the whole picture は、簡単な単語から成る比喩表現の典型ですが、抽象的でない分、自分でも思いつきやすく［覚えやすく］、相手にも伝わりやすくなります。「俯瞰する」を、get a quick overview of the current state of ～や put ～ in perspective としてももちろん正解ですが、**「難しい言葉を使うほど、理解できる人の数は減っていく」** という法則を覚えておきましょう。

　また、ふだん使い慣れていない言葉は正確に発音しづらいことも考えられます。**「たいてい誰もが知っている、簡単な言葉」を大事にして、使い回しをまずは徹底**しましょう。そのほうが、不思議と「本当に必要なとき」に難しい言葉が口に出やすくなります。

チャンク音読（一語認識トレーニング）　　🔊 Track | 16

それぞれ 1 語のように、1 つの名詞として一息で音読しましょう。

1. **what** happened　起こったこと
2. **what** you can actually do　実際にできること
3. **what** you're doing wrong　間違った方法でやっていること
4. **how** to get it right　改善の方法
5. **what** I've been trying to do　私がずっとやろうとしていること
6. **where** to start　どこから始めるべきか（＝開始すべきところ）
7. **the kind of job** where I always come up short　私が必ず
期待に沿えないタイプの仕事
8. **what** it takes　才能、資質（＝必要とされるもの）
9. **what** I'm cut out for　自分が向いていること（= what I'm made for）

🎤 POD ｜ **パワー音読トータル・ワークアウト**

パワー音読トレーニングです。右ページの英文を使って、A、B両方のパートを音読しましょう。詳しいやり方はp.19 〜 21を参照してください。

1. チャンク音読	**4.** 和訳音読
2. ノーマル音読	**5.** 感情音読
3. ささやき音読	**6.** タイムアタック音読(5分)

✔「聞こえる耳」を手に入れ、「楽に」話す練習でもあります。1人2役＆関係詞節で会話の「呼吸」をつかみましょう！
✔関係詞節の意味のかたまりが1語のように、英文にバチッとハマる感覚を味わいましょう！
✔カラー字は強く（＝高く）、グレー字は「〜ッ」のように省略する（＝はっきり発音しない）ことによって、感情を込めやすくなります。

✏「和訳音読」用に自分なりの和訳を書いてみよう。

A:

B:

A: HEy, I don't know WHAt HAppened, but you should sTOp being so HARd on yourSELf.

You, I mean, NObody can control Everything ⋯ insTEAd of BEAting yourself up like THAt, WHY don't you FOcus on WHAt you can Actually DO?

MAybe you should sTEp back and SEE the WHOle picture, then you can pRObably FInd out WHAt you're DOing wrong so you can LEARn HOw to get it right ⋯

B: Well, THAt's WHAt I've been tRYing to do, but just SO many BAd things HAppened in SUch a SHOrt time that I DOn't even know WHERE to sTArt.

LAtely, I've been THInking that THIs is JUst the kind of job where I Always come up SHORt, I mean I just DOn't have what it TAkes ⋯ THIs is NOt what I'm CUt out for.

(131 語)

タイムアタック音読 (WPM)

1 回目＿＿＿＿＿＿　　2 回目＿＿＿＿＿＿　　3 回目＿＿＿＿＿＿

A : Okay, here's what I think.

I actually can relate to that.

I mean I used to find myself in a situation where I felt about myself that way.

Then, what I learned was to decide what's important and let go of the rest.

Maybe you're just too busy trying to make everyone happy but yourself.

B : You do have a point there ⋯ I tend to worry too much about how others feel about what I do or how I behave.

I can't even remember the last time I was happy.

Recognizing that I'm not happy makes me feel even less happy, and that's how I get into the vicious circle and I can't find a way out ⋯

日本語訳

A: なるほどね、自分は思うんだ。本当にその気持ち、わかるよ。自己評価が
そんな風になってしまう状況に陥ってしまったことも多々あったしね。そ
れで、何が大切かを決めて残りは捨てなきゃ[断捨離しなきゃ]な、ってわ
かったんだ。きっと君は今、周りの人のことばかりに気を使って、自分の
ことを犠牲にしてるんじゃないかな。

B: 確かにそうかもしれない…自分のしていることや振る舞いを周りの人がど
う思っているかについて、ついつい心配してしまう性質なの。自分が幸せ
だな、って感じたのがいつかさえ覚えていないし。自分が幸せじゃない、っ
てわかることでさらに気持ちがへこんで、そんな感じでドツボにはまって
どうにもならなくなるんだよね…。

Useful Expressions

here's what I think	私が思うことはね
relate to 〜	〜に共感する
find oneself in 〜	〜の状況にいる自分に気づく、〜の状況に陥る
that way	そのように、そのような方法で
let go of 〜	〜を解放する、〜を切り捨てる（＝〜を見限る）
you have a point (there)	いいことを言うね、それはその通りだね
tend to 〜	つい〜してしまう、〜する性質である（＝〜する傾向にある）
get into the vicious circle	悪循環に陥る、ドツボにはまる
way out	出口、逃げ道（＝解決策）

◆ 話し始めは「こう思うんだけど」で余裕ができる

whatなどの関係詞節から文をスタート!

A が冒頭で言う here's what I think は、「こう思うんだけど」という意味です。日本人が英語で話すとき、文頭のほとんどが I think (that) 〜 となってしまいがちですが、これではワンパターンで、しかも that 以下を考える時間の余裕も少なくなってしまいます。

そこで、本書では何度となく出てきますが、What I think is 〜 （私が思うのは〜なんだけど）のように、whatなどの関係詞節から文をスタートしましょう。自分が話す内容を考える間を取りながら、相手にも聞き取る時間の余裕を与えることができます。

また、このフレーズで始めれば、「この人は英語を話し慣れているな」という印象を持ってもらえます。

そして何より、関係詞の使い回しに慣れる練習が常にできる「体質」を手に入れることになるのです。関係詞節を主語にできると、当然それは、目的語としても使えるようになります。

チャンク音読（一語認識トレーニング）　　🔊 Track | **18**

それぞれ1語のように、1つの名詞として一息で音読しましょう。

1. **what I think**　私が思うこと
2. **a situation where I felt about myself that way**　自分自身についてそう感じてしまう［自己評価がそのようになってしまう］状況
3. **what I learned**　学んだこと
4. **what's important**　大事なこと
5. **how others feel**　他人の感じ方（＝他人の評価）
6. **what I do**　自分がやっていること
7. **how I behave**　自分の振る舞い方
8. **how others feel about what I do or how I behave**　私が

やることや振る舞い方に対して他人がどう感じるか

9. **recognizing that I'm not happy**　自分が幸せではないとわかること

10. **how I get into the vicious circle**　どのように悪循環に陥るか
（＝自分がドツボにはまるパターン）

パワー音読トレーニングです。右ページの英文を使って、A、B両方のパートを音読しましょう。詳しいやり方は p.19 ～ 21 を参照してください。

---

1. チャンク音読 　　　　**4.** 和訳音読

2. ノーマル音読 　　　　**5.** 感情音読

3. ささやき音読 　　　　**6.** タイムアタック音読(5分)

✔「聞こえる耳」を手に入れ、「楽に」話す練習でもあります。1人2役＆関係詞節で会話の「呼吸」をつかみましょう！

✔関係詞節の意味のかたまりが1語のように、英文にバチッとハマる感覚を味わいましょう！

✔カラー字は強く（＝高く）、グレー字は「～ッ」のように省略する（＝はっきり発音しない）ことによって、感情を込めやすくなります。

✏「和訳音読」用に自分なりの和訳を書いてみよう。

A: _____

_____

_____

_____

_____

B: _____

_____

_____

_____

_____

_____

A: OKAy, HEre's what I think.

I Actually can reLAte to THAt.

I mean I Used to find mySElf in a situation where I felt about myself THAt way.

Then, what I learned was to deCIde WHAt's important and LEt GO of the REst.

MAybe you're just TOO busy tRYing to make Everyone happy BUt yourSElf.

B: You DO have a POint there ⋯ I TEnd to worry TOO much about HOw others feel about WHAt I do or HOw I behave.

I CAn't even remember the LAst time I was happy.

REcognizing that I'm NOt happy MAkes me feel even LEss happy, and THAt's how I GEt into the VIcious circle and I CAn't find a WAy Out ⋯

（116 語）

タイムアタック音読（WPM）

1 回目＿＿＿＿＿＿　　2 回目＿＿＿＿＿＿　　3 回目＿＿＿＿＿＿

A: What works to make me feel better is not paying attention to what others say about what I do.
I mean I learned to let it slide not to let it affect me.
People do not change no matter what you do.
It is what it is, and we need to face it.
Don't you think it's much easier and less time-consuming to change the way you deal with what happens and what they do to you?

B: Thanks, I do appreciate what you said, which makes me feel much better.
However, it just doesn't stop there …
My inhumane workload and crazy working hours keep me away from my family too much, which keeps them unhappy as well.

日本語訳

A: 自分のメンタル回復に役立つのは、自分の行動に対して周りが言うことを気にしないことだね。というか、いろいろ水に流してダメージを受けないようにする術を学んだというかね。こちらが何をしたところで、他人を変えることなんてできないんだしさ。世の中はそんなものだし、現実的にいかないと。起こることや他人が自分にしてくることに対して、こちら側で対処を工夫したほうが楽だし、時間もかからないとは思わない？

B: ありがとう。そう言ってくれてうれしいし、そのおかげで気持ちが楽になったよ。でもね、問題はそれだけじゃないの…。仕事量が非人道的に多すぎるのとメチャクチャな勤務時間のせいで、家族と過ごせる時間なんてないし、家族もイライラしてるんだよね。

Useful Expressions

feel better　回復する（体調・精神状態の両方に使う）

pay attention to 〜　〜を気にする、〜に注意を向ける

let it slide　それを水に流す、スルーする、気にしない、大目に見る

let it affect me　それを私に影響させる（＝それを気にする）

It is what it is.　世の中［人生］そんなもの（＝あきらめが肝心）

face it　正視する、直視する、現実を見る（＝目をそむけず対応する）

less time-consuming　より時間がかからない

deal with 〜　〜に対応する（ネガティブな物事に対応するときに使う）

appreciate　〜をありがたく思う（＝〜をありがとう）

, which 〜　そしてそれが〜だ

it (just) doesn't stop there　そこ（だけ）では終わらない（＝問題はそれだけじゃない）

inhumane　非人道的な（＝あまりにひどい）

◆ 関係詞節もみんな「無生物主語」！

　例えば、A の冒頭は、What works to make me feel better（自分のメンタル回復に役立つのは）で 1 つの主語となっています。主語が人ではないので、感覚としては無生物主語と同じだととらえましょう。無生物主語の 1 種だとわかれば、どんなことを思いついても、瞬間的に英文を作ることができるようになります。

　実際に、英語のインタビュー記事などでは、無生物主語と関係詞節の出現頻度の高さに驚くはずです。そしてこれらは常に、基本動詞（＋前置詞）とのコンビネーションになっています。

◆「主語に困ったら it にする技」＋「let」のコンビネーション
**　＝さらに瞬発力アップ！**

　let it slide、let it affect me は、it が（意味の上での）無生物主語の表現です。このように全体の状況をざっくりと it と表してしまえば、カジュアルな会話を理解するだけではなく、自分でも楽に話せるようになります。これは主語としての it に限らず、目的語としても活躍します。日本語で主語がないときも、it を使うと驚くほど簡単に英語化することができるのです。

　この場合の it は、「そんな［そういう］もの・現実」と覚えておくと非常に便利です。A の 4 文目の「現実的にいかないと」も face it となっていますね。

　例）「最悪だよ！」→ I hate it!
　　　「うれしい！」→ I love it!
　　　「めちゃくちゃだよ！」→ It's crazy!!
　　　「よくあるんだよね」→ It happens.

◆「世の中はそんなもの」を it と what で表現してみる

　It is what it is. は、関係詞と状況を表す it の練習としては最高の慣用表現です。「仕方がない」は It can't be helped. と訳されることが多いと思いますが、It is what it is. や We gotta accept it. のような表現でさらりと言えると、それ

だけで関係詞や it に常に意識が向くようになり、英語の「センス」を常に補給できます。

◆ ここで差がつく less と fewer！
　more は言えてもなかなか口から出ない

　Aの5文目に出てくる less time-consuming という表現に注目してください。私も含めた日本人英語学習者によくみられるのですが、「もっと（more）」は言えても、「より少ない」を意味する less や fewer はなかなか瞬間的に口に出せません。きっと日本語の発想からは遠いところにあるからでしょう。

　ちなみに、**「わびさび」「ひなびた」「枯れた美しさ」「枯淡」**のような日本的な表現は、**Less is more.** と表現できます。これを知ると使いやすくなりますね。私は京都や奈良で通訳をしたとき、茶道や禅などの説明で、この表現にずいぶん助けられました。

　また、**less-is-more approach** といえば、ビジネスのみならずライフスタイルやインテリアなど、さまざまな分野で「控えめ・最小限・最低限・小規模・ほどほどにすることでむしろ大きな効果を挙げる」アプローチを意味します。この場合は、日本の**「秘すれば花なり」**（世阿弥の『風姿花伝』の一節で、隠すこと・秘めることの重要性を説く言葉）という考え方に非常に近いものとなります。

◆ ビジネスで数量を扱う場合は特に重要！

　この表現をしっかりと音読して、すぐに使えるようにしておきましょう。慣れてくると、**「少子化」 → we get fewer and fewer kids in our society、「ドルが弱い」 → now the dollar can buy less** のように、翻訳のプロセスなしでダイレクトに英語で発想できるようになります。

　他にも、次ページに挙げる表現を音読しておけば、思いつきやすくなり、また瞬間的に理解ができるようになっていきます。

　less も fewer も日本語に直訳すると違和感がありますが、瞬間的にイメージがわくレベルの「慣れ」が感じられるまで、繰り返し音読してください。コーヒーやお茶、甘いものなどを食べたりして一息ついたときに、I feel less tired!! と言う習慣をつけることもおすすめの方法です。

【less 系（不可算）】

I felt less tired.（疲労感が減った）

I felt less and less tired.（疲労感がだんだん減っていった）

I earn less money than I used to (earn).（給料が減った［＝以前ほど稼いでいない］）

I was earning less and less money.（給料が減っていった［＝以前ほど稼げなくなっていった］）

You should drink less.（お酒を控えたほうがいいよ）

I became less and less able to drink alcohol.（だんだんお酒が飲めなくなってきた）

They are three times less likely to develop Alzheimer's disease than the others.（彼らは他の人々よりもアルツハイマー病を発症する可能性が３倍低くなっている）

【fewer 系（可算）】

You're making fewer mistakes.（ミスが減ってきたね！）

You're making fewer and fewer mistakes.（ミスがだんだん減ってきたね！）

I have fewer friends than I used to (have).（前より友達が少なくなってしまった）

I have fewer supporters than he does.（私は彼より支持者が少ない）

Fewer and fewer people are playing sports.（スポーツ人口が減りつつある）

Fewer and fewer young Japanese people have been studying abroad in recent years.（近年、留学する日本の若者は減少傾向にある）

This medicine causes fewer side effects than the other one.（この薬はもう１つの薬より副作用が少ない）

The company hired fewer and fewer part-time workers.（その企業はパート従業員数を削減していった）

◆「主語に困ったら it にする技」

　Bの２文目の **it just doesn't stop there** は、「話はそれだけじゃない」「もっと（いろいろ）あるんだ」「話はそこまで単純じゃない」といった意味ですが、it（＝取り巻く状況、物事）という無生物主語と一般動詞のコンビネーションに注目してください。

　同じ意味で there's more to it のような表現も考えられますが、まずは感覚を養うトレーニングとして、**「主語に困ったら it にする」「可能な限り無生物を主語とする」という姿勢**を持ちましょう！

チャンク音読（一語認識トレーニング）　　　🔊 Track | **20**

それぞれ１語のように、１つの名詞として一息で音読しましょう。

1. **what** works to make me feel better　私の気持ちを上向かせるのに役立つ**こと**

2. not paying attention to **what** others say　他人が言う**こと**を気にしないこと

3. **what** I do　私がやること

4. what others say about **what** I do　私がやる**こと**に対する他人の意見

5. **what** you do　あなたがやる**こと**

6. **what** it is　それ（it＝世の中・物事・生活）の本質、ありよう、それが**何**であるか

7. **what** happens　起こる**こと**、出来事

8. **what** they do to you　彼ら［他人］が自分にしてくる**こと**、他人の自分への影響

9. **the way** you deal with what happens and what they do to you　出来事や他人の影響への自分の対応**方法**

10. **what** you said　あなたの言った**こと**、あなたの言葉

🎤 POD　パワー音読トータル・ワークアウト

　パワー音読トレーニングです。右ページの英文を使って、A、B両方のパートを音読しましょう。詳しいやり方は p.19 〜 21 を参照してください。

---

1. チャンク音読	**4.** 和訳音読
2. ノーマル音読	**5.** 感情音読
3. ささやき音読	**6.** タイムアタック音読(5分)

- ✔「聞こえる耳」を手に入れ、「楽に」話す練習でもあります。1人2役＆関係詞節で会話の「呼吸」をつかみましょう！
- ✔ 関係詞節の意味のかたまりが1語のように、英文にバチッとハマる感覚を味わいましょう！
- ✔ カラー字は強く（＝高く）、グレー字は「〜ッ」のように省略する（＝はっきり発音しない）ことによって、感情を込めやすくなります。

✏️「和訳音読」用に自分なりの和訳を書いてみよう。

A: _____

_____

_____

_____

_____

B: _____

_____

_____

_____

_____

_____

A: WHAt works to MAke me feel BEtter is NOt paying attention to what Others say about what I do.

I mean I learned to LEt it slide NOt to LEt it afFEct me.

PEople do NOt CHAnge no MAtter what you do.

It is WHAt it is, and we NEEd to FAce it.

Don't YOU think it's MUch easier and LEss time-consuming to CHAnge the way you deal with what HAppens and what they DO to you?

B: THAnks, I DO appREciate what you SAId, which MAkes me feel MUch better.

HowEver, it just DOesn't sTOp there ⋯

My inhuMAne workload and cRAzy working hours KEEp me away from my FAmily TOO much, which KEEps them unHAppy as well.

（117 語）

タイムアタック音読（WPM）

1 回目＿＿＿＿＿　　2 回目＿＿＿＿＿　　3 回目＿＿＿＿＿

69

A: Oh, I can imagine that.

That's absolutely what we have no control over …

I really hate it when the situation doesn't allow you to do whatever you really want to do.

Some people working here say it's just the way it is and that's what this job entails.

Hey, you're making me want to change my job, too …

When I'm unhappy, with no time for my family, it's simply no good for anybody in my family.

B: I'm telling you.

It's not worth it, is it?

Don't you think it's important to know what a thing really is and what we want it to be?

We'd better face it and come up with a plan to make a change in our lives.

After I turned 35, life moved very fast.

I mean, much much faster than I thought it would.

At the end of the day, no issue can solve itself …

日本語訳

A： なるほど、それは想像がつくよ。だって、それはまさにこちらではどうに
もできないことだからね…。本当にやりたいことができない状況って、自
分も最悪だと思うしね。ここで働いてる誰かが言っていたな、それはそう
いうものだし、この仕事では当たり前のことだってね。何かさ、君のせい
で自分も転職したくなってきちゃったよ…。幸せでもなく、家族と過ごす
時間もないとか、家族の誰もが不幸だよね。

B： まさにそういうことなの。こんなことやってられない［こんな仕事場にい
られない］よね？　物事の現実と自分の物事に対する願望って、分けて考
えることが大事だと思わない？　現実をしっかりと見て生活を変える計画
を考え出さないとね。35歳になってから今まで、一瞬で時間がたってし
まった。何というか、思っていた以上に早くて。結局のところ、放置して
解決することなんてないんだし…。

Useful Expressions

I can imagine that （それは）想像がつくよ、（その気持ちは）わかるよ

I hate it 嫌だなぁ、最悪だなぁ

the situation doesn't allow you to ～ 不可抗力で～できない

it's just the way it is それはそういうもの、世の中はそんなもの

change one's job 転職する（「仕事を辞める」と言うとき、次の仕事
　を考えているなら retire ではなくこの表現を使う）

no good for anybody 誰得、誰にとっても良くない

I'm telling you. 本当にそうなんだって！、まさにその通りなんだ！
　（= exactly）

it's not worth it それはそうする価値がない（＝努力・代償を払う価値
　がない）

come up with a plan 計画を思いつく［考え出す］

make a change 変革する、改善する

life moves very fast （人生の）時がたつのは早い

faster than I thought it would （それが）予想を超えて早く進んだ

at the end of the day 結局のところ

no issue can solve itself 自己解決する問題はない（＝行動しなければ
　何も解決しない）

◆ 共感を表してみる！

まずは A の冒頭の、I can imagine that. という表現に注目しましょう。相手の言ったことに対して、「それ、わかるよ！」という感じですね。これだけで自分の共感を相手に伝えることができます。

人は誰でも、思いやりを示されるとうれしいものです。これだけで、互いの心を通わせ、会話をスムーズにすることが可能です。気軽に使えて、とても使用頻度が高い技です。

◆ control で悲哀とくやしさを表現

A の 2 文目、That's absolutely what we have no control over ... には、「仕方がない［まったく思い通りにならない、どうにもできない］」という気持ちが込められています。「仕方がない」にはいろいろな言い方がありますが、ここでは関係詞 what の使い回しの威力を感じてください。

◆「不可抗力」をさらりと英語で言ってみる！
まずは何でも「主語＋動詞」に因数分解！

A の 3 文目にある the situation doesn't allow you to の主語は無生物です。このような言い方を自在に使えるようになりましょう。直訳すると「状況が許可してくれない」となり、日本語としては不自然ですが、この表現は日本語の発想とはかけ離れた、私たちに必要な**英語的発想のエッセンス**であることを教えてくれます。

「不可抗力」という難しい四字熟語には、さまざまな逐語訳（accidental force、act of god、inevitable force、natural disaster など）が考えられますが、**単語をど忘れしたらそこで会話はおしまい**です。そこで、慣れ親しんだ語彙を使い、「主語＋動詞」で対処することを最優先しましょう。

それぞれ1語のように、1つの名詞として一息で音読しましょう。

1. **what** we have no control over　私たちにはまったくどうにもできないこと
2. **whatever** you really want to do　何でもあなたが本当にやりたいこと（＝やりたいことは何でも）
3. **the way** it is　（世の中・物事の）あり方、現状、状態、本質
4. **what** this job entails　この仕事に必ず伴うもの
5. **what** a thing really is　物事の現実の姿
6. **what** we want it to be　こうあってほしいという願望

　パワー音読トレーニングです。右ページの英文を使って、A、B両方のパートを音読しましょう。詳しいやり方は p.19 ～ 21 を参照してください。

---

1. チャンク音読	**4.** 和訳音読
2. ノーマル音読	**5.** 感情音読
3. ささやき音読	**6.** タイムアタック音読(5分)

✔「聞こえる耳」を手に入れ、「楽に」話す練習でもあります。1人2役&関係詞節で会話の「呼吸」をつかみましょう!

✔関係詞節の意味のかたまりが1語のように、英文にバチッとハマる感覚を味わいましょう!

✔カラー字は強く(=高く)、グレー字は「～ッ」のように省略する(=はっきり発音しない)ことによって、感情を込めやすくなります。

✏️「和訳音読」用に自分なりの和訳を書いてみよう。

A: _____

　_____

　_____

　_____

　_____

　_____

B: _____

　_____

　_____

　_____

　_____

　_____

A: Oh, I can iMAgine THAt.

That's Absolutely what we have NO control over …

I REally HAte it when the situAtion DOesn't allow you to do whatever you REally want to do.

SOme people working here say it's JUst the way it is and THAt's what THIs job enTAIls.

HEy, YOU're making ME want to CHAnge my job, TOO …

When I'm unHAppy, with NO time for my FAmily, it's SImply NO good for Anybody in my FAmily.

B: I'm TElling you.

It's not WORth it, is it?

Don't YOU think it's imPORtant to know what a thing REally is and what we WAnt it to BE?

We'd BEtter FAce it and COme up with a pLAn to MAke a CHAnge in our LIves.

After I turned 35, LIfe moved VEry FAst.

I mean, MUch much faster than I THOUght it WOUld.

At the End of the day, NO issue can SOlve itself …

(150 語)

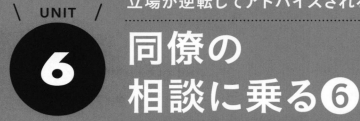

A: It's funny that now you're the one who's giving me advice.

I thought I was doing what I could, but I should be aware of what's happening, so I can find new job opportunities. You made me notice that I'm sick and tired of just letting life decide.

But then, it's important to figure out when to act and only bring what I can carry.

I think it can wait till the time is right.

B: Yeah, for me the best way to forget my own worries is to worry about the problems of other people, I suppose.

Anyway, I think it's very important to keep track of what this company and our bosses are up to no matter what change we're trying to make.

I'm pretty sure it will go okay if we just keep what we do from the office politics and the peer pressure, which always prevent us from doing what we're trying to do.

日本語訳

A: アドバイスをする立場が逆転してて、何だかおかしいね。自分としてはできることをやっていたつもりなんだけど、現実をしっかりと把握して新しい仕事を見つけないといけないよね。君のおかげで、自分は運命にもてあそばれることに嫌気が差していたんだと気づいたよ。ただ、行動を起こすためのベストなタイミングをじっくり待ったり、無理しすぎたりしないことも大切だけど。時期が来るまで待てばいいと思うよ。

B: そうね。私的には、きっと他人の心配をすることが自分の心配事を忘れられる一番の方法みたい。とにかく、どんな風に変化を起こすにしても、会社と上司たちの動向をしっかりと把握しないといけないと思うの。いつもやろうとしていることに水を差してくる職場の人間関係や同調圧力に触れないように［周りの人間にばれないように］物事を進めていけば、まぁ何とかなるとは思うんだ。

Useful Expressions

you're the one who 〜 〜なの［する］のはあなたのほうだ
be aware of 〜 〜に注意する、〜にアンテナを張る（= keep track of）
new job opportunity 求人情報、新しい就職先
be sick and tired of 〜 〜に（ほとほと）嫌気が差している
let life decide 人生に決めさせる（＝運命に身を任せる＝受け身な生き方をする）
figure out （試行錯誤しながら）解き明かす、理解する
bring what I can carry 運べるものだけ持っていく（＝無理をしない、欲張らない、足るを知る）
it can wait それは待てる（＝時間はまだある）
till the time is right いいタイミングが来るまで
keep track of 〜 〜の動向を把握する、〜から目を離さない、〜に対して（常に）アンテナを張る（= be aware of）
be up to 〜 〜を企んでいる
I'm pretty sure 〜 きっと〜だろうと思う
it will go okay うまくいくだろう
the office politics and the peer pressure 職場の人間関係と同調圧力（＝世間の目）

◆ it で感情を自由に吐き出せる

A の冒頭の It's funny that 〜は、カジュアルに会話を開始するときに使える表現の典型です。「〜っておかしいよね」という感じで、暗に相手に共感を求める雰囲気にもなります。funny 以外にも sad、ironic、crazy など、状況に合わせて形容詞を取り換え、使い回しましょう。

「感情を吐き出すとき」は、まずは it で文をスタートしましょう。**「主語に困ったら it にする技」**と発想は同じです。

◆ let に慣れれば、積極的にどんどん話せる

A の 3 文目に出てくる let life decide という表現の let に注目しましょう。直訳すると「人生に決めさせる」となり、不自然な日本語です。そのため、なかなか思いつきにくい英語的な表現です。イメージとしては「〜任せ」のようになり、この場合は「無計画な、行き当たりばったりの」となります。

同じ感覚で、Don't let it affect you. は「それを君に影響させるな」、すなわち「そんなこと気にするなよ」という意味になり、let it slide は「それを滑らせてしまえ」、すなわち「それを気にするな」となります。

◆ビジネスでも、人助けでも

let のもう 1 つの大事な使い方として、Let me do it. / Let me help you. のように、自分（me）を主体にすると「やらせてください」「お任せください」のようになります。

道に迷っている人や具合が悪そうな人を見かけたとき、Let me help you. と声をかければ、Can I help you? と違って yes/no を聞く前に、「なかば強引に」人助けをすることもできます。ビジネスだけでなく人生のさまざまな局面で、積極性をアピールすることもできるのです。

また、カジュアルな会話で Let me show you my pictures. と言えば、「ちょっと写真を見てもらっていい？」のようになり、スマホの写真などを相手に見せながら、英語の発想を楽しむことが可能です。

それぞれ1語のように、1つの名詞として一息で音読しましょう。

1. **the one** who's giving me advice　私にアドバイスをしている人

2. **what** I could　私にできたこと

3. **what**'s happening　起こっていること、状況、動向、情勢、動静

4. **when** to act　行動すべきタイミング、いつ行動すべきか

5. **what** I can carry　自分に運べるもの、自分にできること

6. **what** this company and our bosses are up to　この会社と上司たちが企んでいること（＝会社と上司たちの動向）

7. **what change** we're trying to make　私たちが起こそうとしている変化

8. **what** we do　私たちがすること

9. **what** we're trying to do　私たちがやろうとしていること（＝私たちの計画）

　パワー音読トレーニングです。右ページの英文を使って、A、B両方のパートを音読しましょう。詳しいやり方は p.19 〜 21 を参照してください。

1. チャンク音読	**4.** 和訳音読
2. ノーマル音読	**5.** 感情音読
3. ささやき音読	**6.** タイムアタック音読 **(5分)**

✔「聞こえる耳」を手に入れ、「楽に」話す練習でもあります。1人2役＆関係詞節で会話の「呼吸」をつかみましょう！

✔ 関係詞節の意味のかたまりが1語のように、英文にバチッとハマる感覚を味わいましょう！

✔ カラー字は強く（＝高く）、グレー字は「〜ッ」のように省略する（＝はっきり発音しない）ことによって、感情を込めやすくなります。

✏️「和訳音読」用に自分なりの和訳を書いてみよう。

A:

B:

A: It's FUnny that NOw YOU're the one who's GIving me advice. I THOUght I was doing WHAt I could, but I should be aWARE of what's HAppening, so I can find NEw JOb opporTUnities. You MAde me notice that I'm SIck and TIred of just LEtting life decide.
But then, it's imPORtant to FIgure out WHEn to act and Only bring WHAt I can carry.
I think it can wait till theTIme is right.

B: Yeah, for ME the BEst way to forGEt my OWn worries is to WOrry about the pROblems of other people, I suppose.
Anyway, I think it's VEry important to KEEp track of WHAt this company and our bosses are up to no MAtter WHAt change we're tRYing to make.
I'm pREtty sure it will GO okay if we JUst keep WHAt we do from the Office politics and the PEER pressure, which Always preVEnt us from DOing WHAt we're tRYing to do.

(157 語)

タイムアタック音読（WPM）

1 回目＿＿＿＿＿＿　　2 回目＿＿＿＿＿＿　　3 回目＿＿＿＿＿＿

|「英語に対する力の抜き方」を実践的に学んだ

大串智紀
ラムス予備校英語講師、国内独学（留学経験なし）で英語を習得、英検1級取得

　私は、予備校の講師として、さまざまな英語のスキルを教えることを仕事にしています。スピーキングや発音について教えることも、仕事の大切な一部です。

　私たちはしばしば、難しい文法事項や高度な表現を使ったほうがより良い英語になると思いがちです。

　その結果、かなり力んだ状態で英語を話そうとしてしまい、たった1つの単語が思いつかないばかりに、会話がそこでストップしてしまうことはよくあります。私自身も、がむしゃらに単語の丸暗記をすればするほど、英文が思いつきにくくなり、歯がゆい思いを何度もしました。

　多人数の外国人と英語で話すとき、会話のテンポは非常に速く、誰も手加減してはくれません。しかし、カズ先生は、「基本動詞＋前置詞」や名詞節を活用し、リラックスした状態で軽やかに英語を話されます。またICEEのトーナメントなどで実際に見学した同時通訳の実技では、スピーカーの日本語と英語に柔軟に対応しつつも、専門用語は落とすことなく訳出されていました。

　一見、難しそうな日本語の表現も、特定の基本的な言葉に落とし込んでうまく「因数分解」し、シンプルな英語に言い換えていくそのスタイルは、まさに私が求めていたものでした。

　私は今、予備校での授業や企業での法人研修で英語を教えていますが、カズ先生のパワー音読トレーニングを受けたおかげで、自分の英語運用能力はもちろん、予備校や講演などでの指導力もかなり向上したと感じています。

　また、大学在学中に、海外留学経験なしで英検1級を取得できたのも、このメソッドがあったからです。パワー音読でトレーニングに励んだおかげで、語順にとらわれずに英語が読み聞きでき、日本語に縛られずに英語で話せるようになったことが、合格の決め手となりました。本当に感謝しています。

　これからもぜひ、パワー音読のメソッドを活用して、さらに英語で自由に表現できるスキルをブラッシュアップしていきたいと思っています。

PART 2

効果的に
自己アピールする

UNIT 7 ～ 17 は就職面接での会話です。
つっ込んだ質問をしてくる面接官に好印象を与え、
自分を効果的にアピールする
「プレゼン力」を身につけましょう！

A : How did you first get into this field?

B : I started developing an intense interest in this field in my early teens, but the lack of knowledge and materials and financial support during that time prevented me from preparing until my college years when I was 18 years old.

The moment I started studying, I knew what I wanted, which was to do this job, hopefully in this company.

I didn't know how or when, only that I needed to prepare myself with more knowledge and then to perform in the real world.

日本語訳は一度、声に出して会話の「雰囲気」を
つかみましょう！ 感情と英語の連動を作り上げ、
「瞬発力」が向上します。

日本語訳

A: どのような経緯でこの分野を選択［に参入］されたのでしょうか？

B: 10代前半のときにこの分野に強い興味を持ち始めましたが、当時は知識
や資料、そして経済力がなかったので、大学に入る18歳まで（具体的な）
準備はできなかったのです。勉強を始めてすぐに、自分のやりたいことが
わかりました。それができることなら、貴社で仕事をすることだったのです。いつ、どのように始めたらいいかはわかりませんでしたが、とにかく
知識を身につけて実社会で活躍したかったのです。

Useful Expressions

develop an interest 興味を持ち始める

lack of ～ ～の不足

A prevent B from ～ ing ＡがＢが～することを妨げる（＝Ａのせいで
Ｂが～できない）

the moment (when) I started ～ ing 私が～し始めてすぐに

, which was to do ～ そしてそれが～することだった

hopefully できることなら、願わくば

how or when どのように、いつ（＝いつ、どのように）

only that ～ ～ということだけは

prepare oneself 自分を準備する（＝努力して備える）

perform 実行する、実践する

in the real world 実社会で

◆ **get には無条件で注目する！**

　A が B の志望動機を質問する際、get into this field という表現を使っています。ここで、get into というシンプルな単語のコンビネーションの威力を感じましょう。その場に応じて、**「参入する、参加する、足を踏み入れる、到着する、受け入れられる、熱中する、入り込む」**と多くの日本語に対応可能で、これら１つ１つの日本語に対応する英単語を覚えるよりもずっと効率がよくなります。

　また、get がカバーする意味の範囲は無限に近く、使いこなせるととても便利です。ふだんの英語の**インプットで get と出会うたびに、できるだけ多くの日本語表現と結びつけておく**ようにしましょう。

◆**「できなかった」を can/could 系や able 以外で英語にする！**

　次に、B の１文目の〜 prevented me from preparing という表現に注目してください。prevent は無生物主語と非常に相性が良く、大学受験ではおなじみの動詞でもあります。

　このフレーズは、「〜のせいで準備の開始ができなかった」という意味ですが、「〜」の部分が the lack of knowledge and materials and financial support（知識や資料、経済的な支援の不足）で、無生物主語となっています。「理由」＝ because、because of、due to、that's why、また「できなかった」は couldn't、was unable to のような表現を思いつきがちですが、この「（無生物）主語＋動詞」に「因数分解」された表現を繰り返し音読することで体にインストールされ、日本語の発想のワクを超えてスピーキングができるようになります。

　リスニングにおいても、日本語の発想にない表現は聞き逃しがちで、理解も遅れがちになります。ここでしっかりと「発想のカンニング」をしておきましょう！

それぞれ1語のように、1つの名詞として一息で音読しましょう。

1. **the lack** of knowledge and materials and financial support during that time　当時における知識や資料、そして経済的な支援の不足

2. **what** I wanted, which was to do this job　私のやりたかったこと、そしてそれがこの仕事を行うこと（＝私がやりたかったことはこの仕事を行うこと）

　パワー音読トレーニングです。右ページの英文を使って、A、B両方のパートを音読しましょう。詳しいやり方はp.19〜21を参照してください。

1. チャンク音読	**4.** 和訳音読
2. ノーマル音読	**5.** 感情音読
3. ささやき音読	**6.** タイムアタック音読（5分）

✔️「聞こえる耳」を手に入れ、「楽に」話す練習でもあります。1人2役＆関係詞節で会話の「呼吸」をつかみましょう！

✔️関係詞節の意味のかたまりが1語のように、英文にバチッとハマる感覚を味わいましょう！

✔️カラー字は強く（＝高く）、グレー字は「〜ッ」のように省略する（＝はっきり発音しない）ことによって、感情を込めやすくなります。

✏️「和訳音読」用に自分なりの和訳を書いてみよう。

A:

B:

A: HOw did you FIRst get into THIs field?

B: I sTARted deVEloping an inTEnse interest in THIs field in my EARly teens, but the LAck of knowledge and maTErials and fiNAncial support during THAt time preVEnted me from prePAring until my COllege years when I was 18 years old.
The MOment I started studying, I kNEW what I wanted, which was to do THIs job, HOpefully in THIs company.
I DIdn't know HOw or WHEn, Only that I needed to prePARE myself with MORe knowledge and THEn to perFORm in the REal world.

(92 語)

A: Obviously, this profession is very different from what you've been through.
How would you deal with the challenges you may face?

B: Well, I always take what I do seriously no matter what happens, and being proactive is part of my nature, which is what makes me who I am.
So, I always try to figure things out on my own while I'm always ready to respond quickly to what actually happens.
That's how I usually come up with solutions no matter what situation I'm in.

日本語訳

A: この業種は明らかに、これまで経験されてきたものとは違っていますよね。今後、いろいろと困難もあるかと思いますが、どのように対応されるつもりでしょうか？

B: そうですね、何があろうと真剣に物事に取り組むようにしており、前向き［積極性］こそが私の持ち味［真骨頂］なのです。ですので、実際に何かが起こったときに対応できる態勢を整えながら、いつも自分自身で物事を解き明かす姿勢を持つようにしています。どのような状況であっても、たいていはそのようにして解決策を見いだしています。

Useful Expressions

obviously 明らかに

deal with ～ ～に対応する（deal with は常に「"ネガティブなこと"に対応する」という意味）

take ～ seriously ～を真剣にとらえる（例：He takes life seriously. ＝生真面目）

no matter what happens 何があっても

proactive 積極的な

figure ～ out （試行錯誤によって）～を解き明かす

respond to ～ ～に対応する（deal with とは違い、ネガティブ・ポジティブにかかわりなく使用可能）

come up with ～ ～を思いつく

◆「人の気も知らないで…」関係詞と共にもれ出す哀愁

Aの1文目にある what you've been through にまずは注目しましょう。直訳すると「あなたが通り抜けてきたもの」となります。関係詞 what を言い換えれば experience などとなりますが、このフレーズで過去に経験したことをすべて含むことができます。

応用すると、恋愛や歌、映画などでよく出てくる You don't know what I've been going through. という表現があります。これは直訳すると「私が通り抜けてきたことをあなたは知らない」となり、転じて「人の気も知らないで」「私がつらい目に遭っているのに」という哀愁の漂う意味合いとなります。

このように、プライベートでもビジネスでも、関係詞や無生物主語の使い回しは、感情が出る本音の会話で等しく登場します。

◆「何とかしろ！」「あなたにはもうたくさん」
有事の際には deal with 〜

次は、Aの2文目にある deal with 〜という表現です。この表現が聞こえたら、ネガティブなことが起こっている可能性があります。

「対処する、扱う、取引する、何とかする」といった意味ですが、Deal with it!! と言われたら「何とかしろ！」、I can't deal with you. だと「あなたのことはもうたくさん［無理］！」という意味になります。意外なほどよく使われる表現なので、誤解されないよう使い方に注意しましょう。

◆ 言えると便利 proactive──この1語で印象アップ！

Bの1文目に being proactive is part of my nature とありますが、proactive（積極的な）は英語の面接において必ず使いたい形容詞です。「自ら考え、行動できる」というニュアンスが強く、自己アピールに便利な言葉です。日本語では発想しづらく直訳しにくい語ですが、音読して使いこなせるようにしておきましょう！

それぞれ1語のように、1つの名詞として一息で音読しましょう。

1. **what** you've been through　あなたが経験してきたこと
2. **what** I do　私がやること（＝仕事、業務）
3. **what** happens　起こること、発生すること
4. **what** makes me who I am　私を私たらしめるもの（＝アイデンティティー［identity］）
5. **what** actually happens　実際に起こること
6. **how** I usually come up with solutions　どのようにしてふだん解決策を思いつくか（＝ふだん解決策を思いつく方法）
7. **what** situation I'm in　何の［どのような］状況に私が置かれているか（＝私の置かれている状況）

🎤 POD パワー音読トータル・ワークアウト

　パワー音読トレーニングです。右ページの英文を使って、A、B両方のパートを音読しましょう。詳しいやり方は p.19 ～ 21 を参照してください。

1. チャンク音読	**4.** 和訳音読
2. ノーマル音読	**5.** 感情音読
3. ささやき音読	**6.** タイムアタック音読(5分)

✓「聞こえる耳」を手に入れ、「楽に」話す練習でもあります。1人2役＆関係詞節で会話の「呼吸」をつかみましょう！
✓関係詞節の意味のかたまりが1語のように、英文にバチッとハマる感覚を味わいましょう！
✓カラー字は強く（＝高く）、グレー字は「～ッ」のように省略する（＝はっきり発音しない）ことによって、感情を込めやすくなります。

✏️「和訳音読」用に自分なりの和訳を書いてみよう。

A: _____

_____

_____

_____

B: _____

_____

_____

_____

_____

_____

_____

A: Obviously, THIs profession is VEry different from WHAt you've been through.

HOw would you DEAl with the CHAllenges you may FAce?

B: Well, I Always take WHAt I do SEriously no matter WHAt happens, and BEing proActive is PARt of my nature, which is what MAkes me who I Am.

So, I Always tRY to FIgure things out on my Own while I'm Always ready to resPOnd quickly to WHAt actually happens. THAt's how I Usually come up with soLUtions no matter WHAt situation I'm In.

(85 語)

タイムアタック音読 (WPM)

1 回目＿＿＿＿＿＿　2 回目＿＿＿＿＿＿　3 回目＿＿＿＿＿＿

A : Sometimes teamwork can be a big challenge.
How would you cope when things don't go as expected while managing a team?

B : I'd say that's what I'm good at because of what I went through lots of times in my past experience.
People often say you can't change human nature and people are inherently negative, but I don't think that's true.
If you expect the best of people, they'll step up, which can give me even more opportunities to bond with the team members.

日本語訳は一度、声に出して会話の「雰囲気」を
つかみましょう！　感情と英語の連動を作り上げ、
「瞬発力」が向上します。

日本語訳

A: チームワークは時になかなか大変なものですよね。チームのマネジメント
を行ううえで想定外の状況となったときに、どのように対応をされます
か？

B: これまでに何度となく経験してきたおかげで、そういったことは得意なほ
うだと思っております。よく世間では、人は本質的には変わることができ
ず、本質的に悲観的だとも言いますが、私はそうは思いません。期待され
れば人は良いほうに変わることができ、そしてそれがチームの仲間たちと
の絆をさらに強める機会を与えてくれるのです。

Useful Expressions

big challenge 大変なこと、大きな困難

cope (with ～) ～に対応する（deal with とほぼ同じ意味でどちらでも
いい場合が多いが、強いて言えば cope with は感情的な面での折り合
いをつけることに使われる傾向がある。「我慢しながら折り合いをつけ
る」というイメージ）

things 世の中、物事、いろいろ

go as expected 期待通りに進行する

while ～ ing ～するなかで

I'd say 私としては、私的には、私の考えとしては（= in my opinion）

people (often) say ～ 世間では～と（よく）言うが

human nature 人の性質、性（さが）

inherently 本質的に

step up 良いほうに変わる（= get better）

opportunity 機会、チャンス

bond with ～ ～と絆を深める

◆ 物は言いよう！「悪いこと・問題」は すべて challenge と言い換えれば好印象！

Aの1文目にある a big challenge という表現に注目してください。「問題」を表す単語には、trouble、problem、issue などがありますが、面接などで自己アピールする際には challenge を使いましょう。これだけで相手に、「この人は積極的に問題に取り組んだり、乗り越えようとしたりする人なんだな」と思わせることができます。

◆「私が思うに、私的には」は I'd say でやんわりと意見を言おう

Bの冒頭の I'd say 〜は、訳すとすれば「私が思うに、私的には、私だったら〜だと思う」というニュアンスです。I think 〜、I believe 〜という言い方でも構いませんが、I'd say 〜が**自然に使えると相手も不思議とリラックスして**くれます。

リスニングでも、カジュアルでサッと短く言う表現なので、知っておかないと簡単に聞き逃してしまいます。文頭でも文末でも使われますが、繰り返し音読して、インストールしておけば大丈夫です。

◆「専門分野、得意分野、特技、オハコ」を what I'm good at と言い換えて、途切れなく

次にBの1文目にある、関係詞節の what I'm good at を見てください。簡単で短いフレーズなので、一息で覚えられますね。

例えば、あなたが今、大事な英語の面接を受けているとイメージしてください。そこでもし、specialty（得意分野、専門領域、オハコ）という単語をど忘れして、言葉に詰まったら大変ですよね？

でも、what I'm good at なら、緊張して「専門分野」に当たる単語をど忘れしても、瞬間的に口から出せるはずです。

関係詞に慣れておくと、このように会話が途切れることがなくなっていきます。

◆「よく"言われる"んだけど」は受け身を決して使わない！
　「世論」だってこれで言える、People (often) say 〜

「よく"言われる"んですけど」という表現を日本語では頻繁に使いますが、「あっ、受け身の形だ！」と、反射的に受動態で I'm often told 〜としないようにしてください！

　今こそ英語の発想を体にインストールし、周りに差をつける絶好の機会です！　落ち着いて、People (often) say 〜と言いましょう。

　この people は「周りの人、みんな」、さらに「世間、世論」という意味にまで広げることが可能です。「世論」＝ public opinion という表現とは違い、ど忘れする心配は皆無ですね。

　また、「日本ではこう言います」のような場合も、In Japan, they/people say 〜のように同じ感覚で応用します。

| チャンク音読（一語認識トレーニング） | 🔊 Track｜**30** |

それぞれ1語のように、1つの名詞として一息で音読しましょう。

1. **what** I'm good at　私が得意なこと、得意分野
2. **what** I went through　私が経験したこと

パワー音読トレーニングです。右ページの英文を使って、A、B両方のパートを音読しましょう。詳しいやり方はp.19～21を参照してください。

1. チャンク音読	**4.** 和訳音読
2. ノーマル音読	**5.** 感情音読
3. ささやき音読	**6.** タイムアタック音読(5分)

✔「聞こえる耳」を手に入れ、「楽に」話す練習でもあります。1人2役＆関係詞節で会話の「呼吸」をつかみましょう！
✔関係詞節の意味のかたまりが1語のように、英文にバチッとハマる感覚を味わいましょう！
✔カラー字は強く（＝高く）、グレー字は「～ッ」のように省略する（＝はっきり発音しない）ことによって、感情を込めやすくなります。

✏️「和訳音読」用に自分なりの和訳を書いてみよう。

A: _____

_____

_____

_____

B: _____

_____

_____

_____

_____

_____

_____

_____

A: SOmetimes TEAmwork can be a BIg challenge.
HOw would you COpe when things DOn't go as exPEcted while MAnaging a TEAm?

B: I'd say THAt's what I'm GOOd at because of WHAt I went through LOts of times in my PAst experience.
PEOple Often say you CAn't change HUman nature and PEOple are inHErently negative, but I DOn't think that's tRUE.
If you exPEct the BEst of people, they'll sTEp up, which can GIve me Even more opporTUnities to BOnd with the TEAm members.

(83 語)

効果的に自己アピールする❹

🔊 Track | **31**

A: How do you feel about this industry in general?

B: Whatever you create and sell will go out of style at some point, whether it's the design, the performance, or the change in customer needs.
What we create can come back at some point, but they often come back in a slightly different way, and it's really rare that we can reuse what we've made in the past.
The speed at which this cycle goes on is getting faster and faster.
That's why I believe it's very important to keep track of what the customers want.

日本語訳

A: この業界に対してどのような印象をお持ちですか？ ざっくりとで構いません。

B: いろいろなものを創造し売ったとしても、いつか陳腐化するときが来ます。それ［その原因］がデザインであったり、パフォーマンスであったり、顧客のニーズの変化であったりするのですが。創造したものは再びブームになる可能性がありますが、わずかながら変化している場合が多く、過去に作ったものが再利用できることは非常にまれです。このサイクルが進むスピードはどんどん速くなっています。それゆえに、顧客が要求しているものについて、常にアンテナを張っておくことは非常に重要だと考えております。

Useful Expressions

in general 一般論として、ざっくりと

go out of style 流行遅れになる

at some point どこかの時点で、いつかは

it's really rare that 〜 〜であることは非常にまれだ

that's why 〜 それが〜の理由である、そんなわけで〜だ、だから〜なのだ

I believe (that) 〜 〜だと思う（I think that 〜より「信念」の度合いが強く、必ずしも because 〜による説明の責任を伴わない）

keep track of 〜 〜の動向を把握する、〜に対して（常に）アンテナを張る

センスを養うTIPS

◆「歴史は繰り返す」をどう言うか

「流行や歴史は繰り返す」と言いたいとき、何と表現すればいいでしょうか？ History repeats itself. という高度な定訳が思いつくかもしれません。しかしこの場合、この表現を**ど忘れをしたら、そこで会話はおしまい**です。もっと簡単な単語に「因数分解」してみましょう。

What we create can come back. とすれば、「私たちが作り出すもの」（what we create）は「戻ってくることがある」（can come back）となり、ごく基本的な単語で同じ内容を表現できます。

B の冒頭の Whatever you create and sell will go out of style at some point（いろいろなものを創造し売ったとしても、いつか陳腐化するときが来ます）もまったく同じ発想です。

go out of style を今回は「陳腐化する」と訳しましたが、より一般的には「"栄枯盛衰"は避けられない」となります。このように、一見難しそうな四字熟語でも、やさしい英語を使って表現することもできるのです。

◆ 応用：「あれは運命の出会いだった」

では、「あれは運命の出会いだった」を英語にしてみましょう。

「運命」と言えば destiny や、もしかしたら be meant to ～（～する運命である）を使って、We were meant to find each other. のような言い方もできるかと思います。しかし、例えば We met at the right time and the right place for once.（私たちはたった一度だけ、正しい時間と場所で会った）と、感情をよりダイレクトかつシンプルに言い換えることも可能です。

◆ 英語で失言に注意！「it's ＋形容詞」で感情に任せて話す！

B の 2 文目にある it's really rare that ～ は、「～って珍しいよね」という意味になります。

これまでのユニットでも解説しましたが、「感情に任せて話す」ときは「it's ＋形容詞」で発話をスタートしてください。例えば、**It's great that ～**、**It's so nice that ～**、**It's not good that ～**のような感じです。

「**(あまり考えずに・素直に) とりあえず何か言おう**」というとき、まず it's を使うことに慣れましょう。驚くほど話しやすくなり、意識しなくても言いたいことが言えるようになります。真面目な英語学習者のみなさんには必要ないかもしれませんが、**「英語で失言」**さえもできるようになります。

| チャンク音読（一語認識トレーニング） | 🔊 Track | **32** |

それぞれ1語のように、1つの名詞として一息で音読しましょう。

1. **whatever** you create and sell　私たちが創造し売る**もの**は何でも（＝何を創造し売ろうが）
2. **what** we create　私たちが創造する**もの**
3. **what** we've made in the past　過去に作ってきた**もの**
4. **the speed** at which this cycle goes on　このサイクルが進む**スピード**
5. **what** the customers want　顧客が欲する**もの**（＝顧客のニーズ）

パワー音読トレーニングです。右ページの英文を使って、A、B両方のパートを音読しましょう。詳しいやり方は p.19 ～ 21 を参照してください。

---

1. チャンク音読　　　　　　**4.** 和訳音読

2. ノーマル音読　　　　　　**5.** 感情音読

3. ささやき音読　　　　　　**6.** タイムアタック音読(5分)

✔「聞こえる耳」を手に入れ、「楽に」話す練習でもあります。1人2役＆関係詞節で会話の「呼吸」をつかみましょう！

✔関係詞節の意味のかたまりが1語のように、英文にバチッとハマる感覚を味わいましょう！

✔カラー字は強く（＝高く）、グレー字は「～ッ」のように省略する（＝はっきり発音しない）ことによって、感情を込めやすくなります。

✏️「和訳音読」用に自分なりの和訳を書いてみよう。

A: _____

_____

_____

B: _____

_____

_____

_____

_____

_____

_____

_____

A: HOw do you FEEl about THIs industry in general?

B: Whatever you creAte and SEll will GO out of style at SOme point, whether it's the deSIgn, the perFORmance, or the CHAnge in CUstomer needs.
WHAt we create can COme back at SOme point, but they Often COme back in a sLIghtly DIfferent way, and it's REally rare that we can reUse WHAt we've made in the PAst.
The sPEEd at which THIs cycle GOes on is getting FAster and faster.
THAt's why I beLIEve it's VEry important to KEEp track of WHAt the customers want.

(95 語)

A: Where does your motivation come from?
What keeps you going?
Tell us about your driving force.

B: The intrinsic motivation is to become better at what I do in this field starting from scratch and drawing on the best in my potential, always doing what I can.
When the results come in, I become more motivated to improve myself further.
It is about doing what I want and what I can to the best of my ability.
Obtaining more knowledge and expanding my frame of reference for this job is the best stress reliever for me as well.
I would go so far as to say I need to extend my knowledge base to keep mental sanity.

日本語訳

A: やりがいはどんなところにあるのでしょうか？　なぜ頑張れるのでしょう
か？　やる気の源について教えてください。

B: 内発的なモチベーションとしては、常にベストを尽くしつつ、一から自分
の仕事を上達させていくことと、自分の潜在能力を完全に引き出すという
思いがあります。結果が出始めると、そこからさらに自分を高めたいとい
う気持ちが強くなっていきます。その根本となるのは、自分のやりたいこ
とを突き詰め、できることを能力の限りやり尽くすことなのです。この仕
事のために知識を増やし、知的な枠組みを広げていくことが、私にとって
最高のストレス解消にもなるんです。極端な言い方かもしれませんが、知
識ベースを広げていくことが、自分の心の平静を保つために必要なくらい
なのです。

Useful Expressions

Where does 〜 come from?　〜はどこから来るのですか？

What keeps you going?　何があなたを動かし続けるのですか？（＝な
ぜ頑張れるのですか？、やりがいは何ですか？）

driving force　やる気の根源

intrinsic motivation　内発的な動機

from scratch　一から、何もない状態から

draw on the best in one's potential　自分の潜在能力を出し尽くす

the results come in　結果が出る

improve oneself further　さらに自分を高める［向上させる］

it is about 〜　本質は〜である、根源は〜である（＝〜がすべてだ）

to the best of one's ability　全力を尽くして、能力の限り

frame of reference　（知的な）枠組み、準拠体系、背景知識

stress reliever　ストレスの発散法

I would go so far as to say 〜　極論では〜ということだ、極端な話だが
　〜ということだ、〜とまで言わせていただきます

knowledge base　知識のベース

keep mental sanity　正気を保つ、心の平静を保つ

◆ 極意は「できる限り人間を主語にしない」こと！

まず、A が B に尋ねている 2 つの質問、Where does your motivation come from?（あなたのやる気はどこから来るのですか？）と What keeps you going?（何があなたを動かし続けるのですか？）、そして B の 2 文目冒頭の When the results come in（結果が入ってくるとき）に注目してください。すべてが無生物主語になっていますね。

どれも日本語に直訳すると不自然で違和感があると思います。そこに英語的な発想が生きています。自然な日本語訳を見て内容とイメージをつかみ、音読に励んでください。直訳の発想から解放され、ふだんからこのような表現が目や耳に飛び込んでくるようになります。

言い換えれば、日本語で話すときも同じ主語を使う習慣があると、日本語的発想の枠にいつも拘束されてしまい、自由な発話は困難となります。極意は**「できる限り人間を主語にしない」**こと！　これで発話のスピードがさらに加速します！

◆「本質」「愛がすべて」「地獄の沙汰も金次第」を表現してみる！

B の 3 文目に、It is about ～ という表現があります。これもシンプルな単語で成り立っていますが、思いつきにくい表現の 1 つです。

日本語訳は「本質は～である」「～がすべて」となりますが、カジュアルに言えば「結局～なんだよね！」という感じです。It's about love.（愛がすべて／大事なのは愛）、It's about money.（お金がすべて／地獄の沙汰も金次第）のように、歌詞やドラマでもよく使われる、感情と連動しやすい表現の典型です。

It's not about ～（大事なのは～じゃない）も覚えてしまえば、表現力は倍増します！

それぞれ1語のように、1つの名詞として一息で音読しましょう。

1. **what** I do　私がやる**こと**、仕事
2. **what** I can　私ができる**こと**
3. doing **what** I want and **what** I can　やりたい**こと**とできる**こと**をやること
4. **obtaining** more knowledge and **expanding** my frame of reference for this job　この仕事のために知識を増やし知的な枠組みを広げていくこと（obtaining［得る**こと**］、expanding［広げる**こと**]）

111

パワー音読トータル・ワークアウト

　パワー音読トレーニングです。右ページの英文を使って、A、B両方のパートを音読しましょう。詳しいやり方は p.19 ～ 21 を参照してください。

---

1. チャンク音読 　　　　　**4.** 和訳音読

2. ノーマル音読 　　　　　**5.** 感情音読

3. ささやき音読 　　　　　**6.** タイムアタック音読(5分)

✓「聞こえる耳」を手に入れ、「楽に」話す練習でもあります。1人2役＆関係詞節で会話の「呼吸」をつかみましょう！

✓関係詞節の意味のかたまりが1語のように、英文にバチッとハマる感覚を味わいましょう！

✓カラー字は強く（＝高く）、グレー字は「～ッ」のように省略する（＝はっきり発音しない）ことによって、感情を込めやすくなります。

✏️「和訳音読」用に自分なりの和訳を書いてみよう。

A:

B:

A: WHERE does your motivation COme from?

WHAt keeps you going?

TEll us about your dRIving force.

B: The intRInsic motivation is to beCOme better at WHAt I do in THIs field sTARting from scRAtch and dRAWing on the BEst in my poTEntial, Always doing WHAt I can.

When the reSUlts come In, I beCOme MORe motivated to impROve myself FURther.

It is about DOing WHAt I want and WHAt I can to the BEst of my aBIlity.

ObTAining MORe knowledge and exPAnding my fRAme of REference for THIs job is the BEst stREss reliever for ME as well.

I would go SO far as to say I NEEd to exTEnd my kNOwledge base to keep MEntal sanity.

(116 語)

タイムアタック音読 (WPM)

1 回目＿＿＿＿＿＿　　2 回目＿＿＿＿＿＿　　3 回目＿＿＿＿＿＿

UNIT

12 効果的に 自己アピールする❻

逆境をどう克服してきたかについて話す。

🔊 Track | **35**

A: Will you tell us about the greatest adversity you've had to overcome?

B: Well, I'd say it's what the people around me often told me about what I wanted to do, which is to work in this industry, as I said.

However, those unpleasant comments also made me try harder to get where I wanted to go.

When they questioned me about why I decided to stick to what I wanted to do, or said I didn't have what it takes, I could feel more than ever that the desire comes from within.

日本語訳

A: これまでの人生で克服することが最も困難だった逆境とは何でしょうか？

B: そうですね、私がやりたいことについて周りの人たちに（いろいろ）言われたことですね。そしてそれが、先ほどお伝えしたようにこの業界で働くことだったのです。しかしながら、そういったあまりうれしくない言葉のおかげで、自分の目標を達成するためにより一層頑張ることができたのです。私が目標にこだわる理由について問われたときや、才能がないと言われたときこそが、これが本当に私の心が欲しているものなのだと、それまで以上に感じることができたのです。

Useful Expressions

adversity 逆境

I'd say 私としては、私的には

the people around me tell [say to] me 〜 〜と言われる（「周りによく言われる」のように不特定多数が主語のとき、受動態を使わずに話す技法）

, which is to work in this industry そしてそれが、この業界で働くことなのです

as I said 先ほど言ったように

stick to 〜 〜に執着する、（あきらめずに）〜にこだわる

come from within 内面から出てくる、本心として出てくる、内発的な

センスを養うTIPS

◆ いくつの日本語が思いつくか試して自信を得る!

Bの1文目にある what I wanted to do という表現を見て、どんな日本語やイメージが浮かぶでしょうか? 直訳すれば「私がしたかったこと」となりますが、それが **「夢」「ゴール」「目標」「境地」「極意」「目的」** だったりするはずです。

また、Bの2文目の where I wanted to go も、直訳では「私が行きたかったところ」となりますが、what I wanted to do とほとんど同じ意味になります。

◆ 「君には才能がある!」talent/gift から離れて瞬間的に

Bの3文目にある what it takes は、直訳すると「必要なもの・こと」となりますが、**「才能、資質、素質」** の意味で、ドラマや映画でも本当によく耳にします。talent/gift/aptitude のような逐語訳もいいですが、あえて what it takes と一息で言えるようにしっかりと音読しましょう。

よく使われる関係詞節に複数の訳語を結びつけて覚えてしまえば、他の関係詞節も同じ感覚で使い回せるようになります。英語で話すときに単語のど忘れで詰まることがなくなり、自信がつきます。

◆ it comes from within で「内なるもの」はすべて OK!

Bの最後の come(s) from within に注目しましょう。直訳すれば「内面から出てくる」「心の奥底から出てくる」となりますが、この表現だけで「内なる〜」と言えるものがすべて表現できます。

最も便利な言い方が it comes from within で、さまざまな文脈に適合します。「内発的なモチベーション」「内なる闘志」「(損得ではなく)心から好き」「変えがたい本音」「生の感情」のようなことが表せるので、面接や上司との会話で自分の動機の純粋性をアピールしたいときや、本音トークなどにおいても、シンプルで心に響く表現です。また、哲学的、宗教的な文脈でも重宝します。

それぞれ1語のように、1つの名詞として一息で音読しましょう。

1. **the greatest adversity you've had to overcome**　これまで
の人生で克服するのが最も困難だった逆境

2. **what the people around me often told me**　私の周りの人々
が私に対してよく言ったこと

3. **what I wanted to do**　私がしたかったこと（＝目標、夢）

4. **where I wanted to go**　私が行きたかった場所（＝目標、夢）

5. **why I decided to stick to what I wanted to do**　私が自分
の目標に執着した理由

6. **what it takes**　必要となるもの（＝才能、資質、素質）

　パワー音読トレーニングです。右ページの英文を使って、A、B両方のパートを音読しましょう。詳しいやり方は p.19 〜 21 を参照してください。

1. チャンク音読	**4.** 和訳音読
2. ノーマル音読	**5.** 感情音読
3. ささやき音読	**6.** タイムアタック音読**(5分)**

✓「聞こえる耳」を手に入れ、「楽に」話す練習でもあります。1人2役＆関係詞節で会話の「呼吸」をつかみましょう！

✓関係詞節の意味のかたまりが1語のように、英文にバチッとハマる感覚を味わいましょう！

✓カラー字は強く（＝高く）、グレー字は「〜ッ」のように省略する（＝はっきり発音しない）ことによって、感情を込めやすくなります。

✎「和訳音読」用に自分なりの和訳を書いてみよう。

A: _____

_____

_____

B: _____

_____

_____

_____

_____

_____

_____

_____

A: Will YOU tell us about the gREAtest adversity you've HAd to overCOme?

B: Well, I'd say It's WHAt the people around me Often told me about WHAt I wanted to do, which is to WORk in THIs industry, as I said.

HowEver, THOse unpLEAsant comments Also made me tRY harder to get WHERE I wanted to go.

When they QUEstioned me about WHY I decided to sTIck to WHAt I wanted to do, or SAId I DIdn't have what it TAkes, I could feel MORe than ever that the deSIre COmes from wiTHIn.

(92 語)

🔊 Track | **37**

A: How did you cope with their criticism or negativity? Could you really stay focused on what you were doing in such a harsh situation?

B: At some point, I learned to let it slide, not to let what they said affect what I was doing.

Consequently, the whole situation made me even more determined to prove them wrong, and the whole situation reassured me that this profession liked me and welcomed me after all.

Now I can see that what happened in that part of my life was an important part of building my character through which I've gained confidence.

日本語訳

A: そういった批判や否定的な見方に対して、どのように対応されてきたのでしょうか？ そのようなギスギスした状況で自分の仕事に集中できるものなのでしょうか？

B: いつの間にか、気にしないようになりましたね。外野の声のせいで自分のやっていることがダメにならないように。その結果として、そういった状況そのものが彼らを見返してやろうという気持ちにさせてくれましたし、またそんな状況のおかげで、私は結局のところ、この職業に本当に向いていると感じることができました。今となっては、この人生であのときに起こったことは、自分の個性を作る重要な部分であり、そしてそれを通して私は自信を得ることができました。

Useful Expressions

negativity	否定的な反応［対応・見方］
stay focused on ～	～に専念する、～に集中する
harsh	ギスギスした、とげとげしい、辛辣な
at some point	あるときから、いつの間にか
let it slide	それを水に流す、スルーする、気にしない、大目に見る
determined	決心［覚悟］している
prove them wrong	相手の意見が間違っていることを証明する（ここでは「見返す」という日本語訳になっている）
reassure (that ～)	（～ということについて）自信を与える、安心させる
～ through which I've gained confidence	（そして）～を通して自信を得た

センスを養うTIPS

◆「気にしないで」「スルーしよう」
　英語の感覚をサラリと手に入れる!

　Bの1文目で使われている let it slide に注目しましょう。UNIT 4 でも出てきた「主語に困ったら it にする技」＋「let」のコンビネーションが、ここでも生きています。

　ここでの it は、当事者が置かれた状況そのものを表しています。直訳すれば「それを滑らせておけ」となりますが、要は「そんなこと気にするなよ」「スルーしちゃえ!」のような意味と使い方になります。

　日本語から発想するとどうしても、Don't worry about it. Stop worrying. のような言い方になりがちですが、it という無生物主語の軽快さを感じてください。ここから、どんどん無生物主語が目や耳で気づくようになり、英語のセンスが養われていきます。

◆「責任逃れ」「私は悪くない!」「言い訳」は
　無生物主語 the situation にお任せあれ!

　the situation を主語にできると世界が広がります。

　Bの2文目に the whole situation made me 〜 とありますが、典型的な無生物主語ですね。直訳すると「その一連の状況が私に〜させた」となりますが、意図をとらえて自然な日本語にするならば、「(私が)逆境を力に変えた」ぐらいにしてもいいでしょう。

　次のような表現でも使い回せます。

　The situation didn't allow me to 〜 →「不可抗力で〜できなかった」
　The situation made me realize 〜 →「状況[周り]を見て〜だと悟った」

　また、this profession liked me and welcomed me とありますが、直訳すれば「この職業が私を好きになり、歓迎してくれた」です。言い換えれば、「(私は)この仕事が本当に好きで、肌に合っていた」となります。

◆ 応用：「英語が大好き」で日本語発想を打破する！

例えば「英語が大好きだ！」と言いたいときに、I love English so much!! とするのもいいですが、English likes me. と言えば、英語が好きな気持ちがもっとスマートに表現できます。また、「イタリア料理が大好き！」であれば I love Italian food! もいいですが、Italian food makes/keeps me happy. とすれば、英語の発想と思いの強さが連動していることがわかります。

とにかく、**「人間以外の無生物主語こそが英語の主役だ」** と思うくらいでいいのです。

これで、私たちの母語である日本語の発想を飛び越えて、視界に入ったり心に浮かんだりしたものすべてが、瞬間的に英語に変わります。

◆「個性を作る」「芸の肥やし」

building one's character は「個性を作ること」という意味ですが、さまざまな逆境をポジティブに役立てていく気概を表すときによく使われます。character building という表現も同様に、よく使われます。

意訳して、「芸の肥やし」といった日本語とも対応させておくといいかもしれません。困ったことがあればすぐにこの表現から会話を展開し、職場のムードメーカーになってみてください！

チャンク音読（一語認識トレーニング）　　◀») Track | 38

それぞれ1語のように、1つの名詞として一息で音読しましょう。

1. **what** you were doing　あなたがやっていた こと
2. **what** they said　彼らが言った こと
3. **what** I was doing　私がやっていた こと
4. **what** happened　起こった こと

🎙 POD パワー音読トータル・ワークアウト

パワー音読トレーニングです。右ページの英文を使って、A、B 両方のパートを音読しましょう。詳しいやり方は p.19 〜 21 を参照してください。

1. チャンク音読	**4.** 和訳音読
2. ノーマル音読	**5.** 感情音読
3. ささやき音読	**6.** タイムアタック音読(5分)

✔「聞こえる耳」を手に入れ、「楽に」話す練習でもあります。1 人 2 役 & 関係詞節で会話の「呼吸」をつかみましょう！

✔ 関係詞節の意味のかたまりが 1 語のように、英文にバチッとハマる感覚を味わいましょう！

✔ カラー字は強く（＝高く）、グレー字は「〜ッ」のように省略する（＝はっきり発音しない）ことによって、感情を込めやすくなります。

✏️「和訳音読」用に自分なりの和訳を書いてみよう。

A:

B:

A: HOw did you COpe with their cRIticism or negaTIvity? Could you REally stay focused on WHAt you were doing in SUch a HARsh situation?

B: At SOme point, I LEARned to LEt it slide, NOt to let WHAt they said afFEct what I was doing.

COnsequently, the WHOle situation MAde me Even MORe deTERmined to pROve them wrong, and the WHOle situation reasSURed me that THIs profession LIked me and WElcomed me After all.

NOw I can see that WHAt happened in THAt part of my life was an imPORtant part of BUIlding my character through WHIch I've GAined confidence.

(99 語)

タイムアタック音読 (WPM)

1 回目＿＿＿＿＿＿　 2 回目＿＿＿＿＿＿　 3 回目＿＿＿＿＿＿

A: Where do you see yourself in five years?

B: I don't see an end point to what I do and enjoy because I know there's always more to do, and I enjoy finding out what that "more to do" is, and the list goes on and on!!
I plan to improve myself as much as I possibly can, and I enjoy the process while my actual performance and goals matter.

日本語訳は一度、声に出して会話の「雰囲気」を
つかみましょう！　感情と英語の連動を作り上げ、
「瞬発力」が向上します。

日本語訳

A: 5年後の自分はどうなっていると思いますか？

B: 仕事ややりがいは尽きせぬ道だと思っています。というのも、新たにやる
べきことは常にあり、その「新たにやるべきこと」が何であるかを解き明
かすことが楽しいのです。そして、やることを数え上げればキリがありま
せん！　できる限り自己研鑽に励み、その過程を、現実におけるパフォー
マンスやゴールを大切にしつつ、楽しんでいます。

Useful Expressions

Where do you see yourself in 〜 years?　〜年後の自分はどうなってい
　ると思いますか？

I don't see an end point to 〜　〜に終わりはない（と思っている）

there's always more to do　（新たに［もっと］）やるべきことは常にある

the list goes on (and on)　数え上げればキリがない

〜 matter　〜は重要である

◆ シンプルに、力強く、謙虚にポジティブさを演出！

　今回のユニットは、「謙虚さ」と「ポジティブさ」を演出するシンプルな表現でいっぱいです。

　B の冒頭の I don't see an end point to 〜は、いわゆる「日本人的な謙虚さ」を表現するのにうってつけの表現だと言えます。「この道に終わりはない！」という感じですね。この表現を使うと、聞き手の外国人は、日本の芸事や武道をイメージしてくれるかもしれません。

　また、there's always more to do は「（新たに［もっと］）やるべきことは常にある」となり、謙虚な姿勢をさらにアピールできます。自然な日本語にするとしたら「勝って兜の緒を締めよ」という感じになります。仕事で何かがうまくいったときに、真剣な表情でこのセリフをぼそりと独り言のように言えば、聞いていたネイティブの上司は感服するかもしれませんね。

　解釈の余白を含むシンプルな表現は、一瞬でその場の空気を変える力を持っています。

◆ あらゆるものを主語にする、「思えばすなわち英語」の境地へ

　B の 1 文目の最後にある the list goes on (and on)（数え上げればキリがない［山積している］）と、2 文目の最後にある〜 matter(s)（〜は重要である）の共通点は何でしょうか？

　そうです、どちらも**「無生物主語＋一般動詞」**のコンビネーションです。「数え上げれば〜」という日本語から考えると、I や count といった直訳に気をとられがちですが、the list という**無生物主語で発想の先回り**をここでしておきましょう。実際によく耳にする慣用表現なので、覚えてしまえば使い倒すことが可能です。

　〜 matter(s) という表現も同じく、超頻出の「無生物主語＋一般動詞」パターンです。「〜は重要だ」と言うときに、〜 is important としたくなりますが、**無生物を主語に〜 matter(s)（It matters で事足ります）**で応じてみましょう。

　これで、人間以外のあらゆるものを主語にできる英語的発想のインストー

ルが完了です。**あらゆるものを主語にとれる状態**、すなわち**「思えばすなわち英語」の境地**に近づき、周囲と差がつく瞬間です。

チャンク音読（一語認識トレーニング） 🔊 Track | **40**

それぞれ1語のように、1つの名詞として一息で音読しましょう。

1. **what** I do and enjoy　私が行い、楽しんでいる**こと**
2. **what** that "more to do" is　その「新たにやるべきこと」とは**何**か（＝「新たにやるべきこと」の**実体**）

パワー音読トレーニングです。右ページの英文を使って、A、B 両方のパートを音読しましょう。詳しいやり方は p.19 ～ 21 を参照してください。

1. チャンク音読	**4.** 和訳音読
2. ノーマル音読	**5.** 感情音読
3. ささやき音読	**6.** タイムアタック音読(5分)

✓「聞こえる耳」を手に入れ、「楽に」話す練習でもあります。1 人 2 役 & 関係詞節で会話の「呼吸」をつかみましょう!

✓ 関係詞節の意味のかたまりが 1 語のように、英文にバチッとハマる感覚を味わいましょう!

✓ カラー字は強く(=高く)、グレー字は「～ッ」のように省略する(=はっきり発音しない)ことによって、感情を込めやすくなります。

✏️「和訳音読」用に自分なりの和訳を書いてみよう。

A:

B:

A: WHERE do you SEE yourself in five years?

B: I DOn't see an End point to WHAt I do and enjoy because I kNOw there's Always MORe to do, and I enJOy FInding out what THAt "more to do" is, and the list GOes on and on!!
I pLAn to impROve myself as MUch as I POssibly can, and I enJOy the pROcess while my Actual perFORmance and goals MAtter.

(69 語)

A： Are you happy about what you do now?

B： It's tough, and it can be very unfair at times, but to be honest, I'm here, making decisions, working hard, serving people while doing what I want.
It's very fulfilling.
Another thing that makes me feel happy is that this job makes me think I'm somehow making a difference in the world and for the people I encounter.

日本語訳

A: 今のお仕事には満足されていますか？

B: きつくて、時には不条理もあるのですが、正直なところ、好きなことをさ
せていただきながら、現場に立ち、決断し、一生懸命取り組み、人様の役
に立てているのです。とても充実しています。もう１つのやりがいとして、
この仕事によって、私は世の中や出会う人たちに変化を起こしていると実
感できる、ということがあります。

Useful Expressions

be happy about ～　～に満足している

unfair　不条理な、理不尽な

serve people　人の役に立つ

fulfilling　満足させる、充実した

make a difference (in ～)　（～において）変化を起こす、変革する

◆「仕事のやりがい」もここまで柔らかく！

　Aの質問のAre you happy about 〜？に注目しましょう。疑問文でなければI'm happy about 〜となり、直訳すると「私は〜について幸せだ」と、かなり違和感のある日本語になります。すなわち、これは練習すべき発想（＝英語の発想）を含む表現だと判断します。

　「満足している」と言いたいとき、be satisfied with 〜という直訳を使う前に、さらりとI'm happy about 〜と言えるように音読しましょう。この表現を使うほうが、会話全体を軽やかで柔らかい雰囲気にすることができます。そして、Are you happy about what you do? と組み合わせれば、「やっていることについて幸せですか？」→「仕事のやりがいはありますか？」という問いになります。

◆「で、もう1つ〜なのは」とどんどん会話をつなぐ
　Another thing that 〜

　Bの3文目のAnother thing that makes me feel happyは、直訳すると「私を幸福にするもう1つのこと」となり、無生物主語なので、直訳は当然、違和感のある日本語になります。ですから、「で、もう1つ〜なのは」という日本語訳とともに覚えておくと口から出しやすくなります。話したいことがどんどん出てくるときに、anotherを使えば、無理なく話し続けられます。

　また、〜 makes me feel happyはここでは「私をうれしくするもの」、すなわち「やりがい」ととらえることができます。

　「無生物主語＋基本動詞」のシンプルなコンビネーションに対して、自分が「思っている」日本語がより多くつながるほど、英語の自動化はどんどん進行し、よどみなく話せるようになります。

それぞれ1語のように、1つの名詞として一息で音読しましょう。

1. **what I want** 私がやりたいこと
2. **another thing that makes me feel happy** 私を幸福にする
   もう1つのこと（＝もう1つのやりがい）
3. **the people I encounter** 出会う人々

🎤 POD パワー音読トータル・ワークアウト

パワー音読トレーニングです。右ページの英文を使って、A、B両方のパートを音読しましょう。詳しいやり方は p.19 〜 21 を参照してください。

1. チャンク音読	**4.** 和訳音読
2. ノーマル音読	**5.** 感情音読
3. ささやき音読	**6.** タイムアタック音読(5分)

- ✔「聞こえる耳」を手に入れ、「楽に」話す練習でもあります。1人2役＆関係詞節で会話の「呼吸」をつかみましょう！
- ✔ 関係詞節の意味のかたまりが1語のように、英文にバチッとハマる感覚を味わいましょう！
- ✔ カラー字は強く（＝高く）、グレー字は「〜ッ」のように省略する（＝はっきり発音しない）ことによって、感情を込めやすくなります。

✏️「和訳音読」用に自分なりの和訳を書いてみよう。

A:

B:

A: Are YOU happy about WHAt you do NOw?

B: It's TOUgh, and it can be VEry unFAIr at times, but to be HOnest, I'm HERE, MAking decisions, WORking hard, SERving people while DOing what I want.
It's VEry fulFIlling.
ANOther thing that MAkes me feel HAppy is that THIs job makes me think I'm SOmehow MAking a difference in the WORld and for the PEOple I enCOUnter.

(66 語)

A： Don't you think it may involve a lot of risks as you do it?

B： One thing's for sure.

It often requires a careful, thoughtful approach, which I just think is a given.

No matter what I try to do, I have to know what I'm doing, and what it means to be doing what I'm doing.

I always have to do what I can to the best of my ability, which often involves stepping back and seeing the whole picture and breaking things into small steps and working on each step firmly while always trying to do it faster and better within what I'm able to do …

日本語訳は一度、声に出して会話の「雰囲気」を
つかみましょう！　感情と英語の連動を作り上げ、
「瞬発力」が向上します。

日本語訳

A: 業務においては、多くのリスクを負うことになるのでは、とは思われませんか？

B: 1つ確かなことがあります。慎重さや思慮深さが要求されることは多々ありますが、それは至極当然のことだと認識しております。どんなことに挑戦するときであれ、自分のしている仕事、そして自分が業務を遂行することが何を意味するかを熟知している必要があります。自分にできることは全力でやらねばなりません。そしてそれは、1歩下がって状況を俯瞰し、細分化して、1つ1つの段階に堅実に取り組み、同時に自分の能力の範囲内でより早く、そしてより良く行うことが要求されるのです。

Useful Expressions

it often requires 〜 それはしばしば〜を要求する（＝〜が多々要求される ※受動態ぐせを避ける）

〜 is a given 〜は当然のことである、〜は周知の事実である、〜は前提条件である、〜は（あって）当たり前である

know what I'm doing 自分の（している）仕事を理解している

to the best of one's ability 全力を尽くして、能力の限り

, which often involves 〜 そしてそれは〜を巻き込むことが多い（＝そしてそこでは〜が要求される）

step back and see the whole picture 1歩下がって全体を見わたす[状況・全体像を俯瞰する]

break things into small steps 物事を小さなステップに分解する[細分化する]

work on 〜 〜に取り組む

firmly しっかりと、堅実に

◆「主語に困ったら it にする技」のバリエーション

　Bの2文目の冒頭、It often requires ～に注目してください。自然な日本語であれば「～が要求される」となり、反射的に「be ＋過去分詞」の受動態で英文を作りたくなってしまうでしょう。しかし、これこそが、音読で体にインストールすべき発想の転換のコアなのです！

　ここの it は、「職業や状況などが～を要求する」＝ it requires と考えます。「考える前に it を主語にする」ことに慣れてくると、会話の瞬発力は格段に向上します。「面倒なときは何でも it で開始！」と覚えておきましょう。本音で話すことが得意になります。

◆ involve と聞いて何が思い浮かぶか

　Bの4文目にある which often involves も直訳すると、「それは～を巻き込むことが多い」となり、違和感のある日本語になります。より自然な日本語であれば「そしてそこでは～が要求される」となり、受け身になってしまいます。そこで、「日本語が母語」の宿命である「受動態ぐせ」を解消するために、しっかりと音読して発想の転換をインストールしておきましょう。

◆丸暗記する価値あり！　I know what I'm doing ～

　Bの3文目にある I have to know what I'm doing を見てください。

　I know what I'm doing は直訳すると、「私が何をやっているか知っている」という違和感だらけの日本語になるので、つまり英語的発想の宝庫ということです。

　難訳語の典型とも言える、「ちゃんとしている」という日本語にもぴったりフィットする大事な表現です。

　他にも例えば、He knows what he's doing. と3人称にすれば、**「頼りになる」「ちゃんとしてる」「ぬかりない」「あざとい」「仕事をよく理解している」「熟知している」「精通している」「万事心得ている」「自分の行動に気をつけている」**等々、多数の日本語に対応でき、関係詞の使い方にも習熟できる便利な表現なので、しっかりと音読で「口から記憶」しておきましょう。

◆会話の幅が一気に広がる work on 〜

　Bの4文目にある work on 〜には、「(粘り強く)取り組む、(あきらめず)努力する」という意味があります。We're working on it to the best of our ability. と言えば「鋭意努力しております」というニュアンスとなり、努力しているというアピールも可能です。

　日本語では、「努力する、取り組む、頑張る」といった表現は驚くほど頻繁に使われています。それらのほとんどすべてを、この work on 〜でカバーできます。

　また、I'm working on her. と言うと、「(ナンパなどで)彼女を落とそうと頑張っている」といった意味にもなり得ます。"何かに頑張っている限り"いつでも使用できる、スピーキング力アップに速効性のある表現です。

チャンク音読（一語認識トレーニング）　　🔊 Track | **44**

それぞれ1語のように、1つの名詞として一息で音読しましょう。

1. **what** I'm doing　私がやっていること
2. **what** it means to be doing what I'm doing　自分が業務を遂行することが何を意味するか（＝自分が業務を遂行することが意味するところ）
3. **what** I can　自分にできること
4. **what** I'm able to do　自分ができる能力があること（＝自分で実行可能なこと・できること）

パワー音読トレーニングです。右ページの英文を使って、A、B両方のパートを音読しましょう。詳しいやり方はp.19〜21を参照してください。

1. チャンク音読	**4.** 和訳音読
2. ノーマル音読	**5.** 感情音読
3. ささやき音読	**6.** タイムアタック音読(5分)

✔「聞こえる耳」を手に入れ、「楽に」話す練習でもあります。1人2役&関係詞節で会話の「呼吸」をつかみましょう！

✔関係詞節の意味のかたまりが1語のように、英文にバチッとハマる感覚を味わいましょう！

✔カラー字は強く（＝高く）、グレー字は「〜ッ」のように省略する（＝はっきり発音しない）ことによって、感情を込めやすくなります。

✏️「和訳音読」用に自分なりの和訳を書いてみよう。

A:

B:

A: Don't YOU think it may involve a LOt of risks as you do it?

B: One thing's for SURe.

It Often requires a CAReful, THOUghtful approach, which I JUst think is a GIven.

No MAtter what I tRY to do, I HAve to kNOw what I'm doing, and what it MEAns to be DOing what I'm doing.

I Always have to do WHAt I can to the BEst of my ability, which Often involves sTEpping back and SEEing the WHOle picture and bREAking things into sMAll steps and WORking on EAch step FIRmly while Always tRYing to do it FAster and better within WHAt I'm able to do …

(107 語)

タイムアタック音読 (WPM)

1 回目＿＿＿＿＿＿　　2 回目＿＿＿＿＿＿　　3 回目＿＿＿＿＿＿

A: It'd probably be safer for you to keep the situation as it is, wouldn't it?

B: Well, the thing is, what used to happen still happens, and we've got to do what we've got to do in order to get what we want, which is to survive in this industry while providing what our customers want.
I believe in progress and that's why I'm doing what I'm doing going forward.
So, I don't think we need to accept the situation as it is.
I just need to be cautious about not doing what we do in ways I could come to regret.
By doing everything I can do, I hope to venture beyond any boundaries I may face.

日本語訳

A: このまま現状を維持したほうが無難ではありませんか？

B: ええっと、ただ問題は、過去に起こったことは繰り返し起こるものですし、求める結果を得るためにはやることをやらないといけないのです。そしてそれが、顧客のニーズを満たしつつ、この業界で生き残ることなのです。進化していくことが自分の信念です。だからこそ前向きにこうして、自分なりに行動しています。ですので、現状に甘んじる必要はないと思っております。とにかく悔いが残るようなことをしないように気をつける必要はありますが。自分にできることをすべてやっていくことで、どのような限界［制約・境界］に直面しようとも、乗り越えていきたいと思っています。

Useful Expressions

be safer for you to 〜　（あなたにとって）〜したほうが無難［安全］だ

the thing is 〜　肝心なのは〜である

believe in 〜　〜を信念としている（＝〜の存在・正当性を信じている）

going forward　前向きに、ポジティブに

be cautious about 〜　〜に気をつける、〜に注意深くある

in ways I could come to regret　後悔するような方法で

venture beyond 〜　〜を（意を決して）乗り越える

◆「歴史は繰り返す」を関係詞で表現すると?

UNIT 10 でも触れましたが、「歴史は繰り返す」のいわゆる「定訳」は history repeats itself です。しかし、関係詞節の使い回しに慣れてくると、B の 1 文目にあるように、what used to happen still happens と柔軟に言い換えられるようになります。

ここまでくると、ど忘れがまったくこわくなくなり、むしろ言い換えることが楽しい遊びとなってきます。また、英語的発想に富んだ表現が勝手に意識に引っかかり、記憶に残るようにもなります。

◆ 何でも強引にポジティブ化できる便利表現! going forward

B の 2 文目の最後にある going forward は、いわゆる「ポジティブに、前向きに」といった意味です。政治家などの演説でも常套句となっており、非常に便利な言葉です。何でもかんでもポジティブな印象に変えられる表現なので、音読してモノにし、使い倒してください。

◆「受け入れる、達観する、あきらめる」はすべて accept で応じる!

B の 3 文目の accept the situation as it is は、「ありのままの状況を受け入れる」という意味で、「達観する」という日本語までカバーが可能です。

また、accept [take] me as I am「ありのままの私を受け入れて」とすると、ドラマや映画、そして歌詞での定番表現となり、恋愛や友達とのコミュニケーションでも非常によく使われています。

Accept it. と命令形で言えば「状況［現実］を受け入れなさい」という意味で、「あきらめる」という日本語の感覚にもフィットします。

それぞれ1語のように、1つの名詞として一息で音読しましょう。

1. **what** used to happen　過去に起こったこと
2. **what** we've got to do　私たちがやらなければならないこと
3. **what** we want　私たちが欲するもの［求めるもの］
4. **what** our customers want　私たちの顧客が求めるもの（＝顧客のニーズ）
5. **what** I'm doing　自分がやっていること、行動、活動
6. **what** we do　私たちがやること

パワー音読トレーニングです。右ページの英文を使って、A、B両方のパートを音読しましょう。詳しいやり方はp.19 〜 21を参照してください。

1. チャンク音読	**4.** 和訳音読
2. ノーマル音読	**5.** 感情音読
3. ささやき音読	**6.** タイムアタック音読(5分)

✔「聞こえる耳」を手に入れ、「楽に」話す練習でもあります。1人2役&関係詞節で会話の「呼吸」をつかみましょう!

✔関係詞節の意味のかたまりが1語のように、英文にパチッとハマる感覚を味わいましょう!

✔カラー字は強く(=高く)、グレー字は「〜ッ」のように省略する(=はっきり発音しない)ことによって、感情を込めやすくなります。

✏️「和訳音読」用に自分なりの和訳を書いてみよう。

A:

_____

_____

_____

B:

_____

_____

_____

_____

_____

_____

_____

A: It'd pRObably be SAfer for you to KEEp the situation as it is, WOUldn't it?

B: Well, the THIng is, WHAt used to happen sTIll happens, and we've GOt to do WHAt we've got to do in ORder to get WHAt we want, which is to surVIve in THIs industry while proVIding WHAt our customers want.

I beLIEve in pROgress and THAt's why I'm DOing WHAt I'm doing GOing FORward.

So, I DOn't think we need to acCEpt the situation as it is.

I JUst need to be CAUtious about NOt doing WHAt we do in ways I could COme to regret.

By DOing Everything I can do, I HOpe to VEnture beyond Any boundaries I may FAce.

（117 語）

タイムアタック音読（WPM）

1 回目＿＿＿＿＿＿　　2 回目＿＿＿＿＿＿　　3 回目＿＿＿＿＿＿

▌興味のあるテーマで「自分らしい英語」を身につける

土岐田健太
東進ハイスクール英語講師、国内独学(留学経験なし)で英語習得、英検1級取得

　私が初めて海外に行ったのは、実は31歳になってからです。シェイクスピアを専門にしてきた私の念願がかない、イギリスへ留学することになったのです。

　渡英が半年後に迫ったとき、日経ビジネススクール主催のカズ先生の英語セミナーに参加しました。そこでカズ先生の英語の発音と同時通訳を聞いた瞬間、「どれほどの修練を重ねてきたのか?」と驚き、また、その「流ちょう性」と「瞬時に生み出される英語表現」の数々に圧倒されたことを覚えています。

　さらに素晴らしいと思ったのは、指導者として伝える「技術の言語化」です。パワー音読では、「意図と行動」は相手の真意をくみとり、結局何が言いたいのかをわかりやすく伝えます。また、「英語で思う力」を軸にしているので、「自分らしい英語」を追求できるのです。

　私は、パワー音読メソッドで提唱されているように、「専門分野と自分の関心」に絞って練習を重ねました。例えば、議論で扱ったトピックは「シェイクスピア」「教育」「人工知能」「映画・本の感想」などがメインです。

　カズ先生には英語ディスカッションや通訳トレーニングの「トレーナー兼スパーリングパートナー」をお願いし、興味のあるテーマを英語で掘り下げていきました。

　その甲斐もあって、渡英後は、英米の研究者と交流を深め、社交場でのSmall Talkはもちろん、「学問・文学」を共通の話題とすることができました。

　さらに、ご縁があって、現在は「翻訳」の仕事もするようになりました。日英翻訳の仕事を通して、第一線で活躍する方々の「芸術・文化交流」のお手伝いができるのは、とても光栄なことです。

　I'm still learning, but I'll challenge myself to the edge of what I can handle. I'll give it my best and make it happen. Let's give it our best!

PART 3

Q&A（質疑応答）
での応酬に備える！

....

UNIT 18 〜 28 は上司と部下の会話です。

部下 B は上司 A から仕事の件で責められますが、

負けずに自分の主張を展開しています。

どんなシーンにも通用する

「交渉＆問題解決」力を鍛えましょう！

A: So, what do you think caused all the losses and damages?

Do you feel any guilt about what happened?

B: I do feel bad about any losses and damages on either side of the conflict, but I do think it was a justified decision based on what we knew at that time.

I mean everybody involved did what they could to work on it, but it still happened …

日本語訳

A： 一連の損害と被害の原因は何だったと思うのか？　君は（起こったことに）
罪の意識は持っているのか？

B： お互いに被った被害と損害については遺憾に思っておりますが、本件は当
時において我々が把握していた知識に基づいて下された、根拠ある決定
だったと強く思っております。当事者全員ができる限りの取り組みを行い
ましたが、このような結果となってしまいました…。

Useful Expressions

feel any guilt about 〜　〜について申し訳なく思う、〜という罪悪感を
感じる

I do feel bad about 〜　〜について遺憾に思う、〜を残念に思う、〜を
申し訳なく思う

on either side of 〜　〜のどちら側においても

justified decision　正当化された決定（＝根拠ある決定・決断）

based on 〜　〜に基づいて

everybody involved　巻き込まれている人すべて（＝当事者全員）

work on 〜　〜に取り組む、〜に尽力する、〜に努力する

still happened　避けられなかった

◆ のらりくらりと追及をかわす！

　B の冒頭、I do feel bad about any losses and damages on either side of the conflict（お互いに被った損害と責任については遺憾に思っております）に注目してください。B は責任の所在をあいまいにしながら、上司の追及をのらりくらりとかわして、相手を煙に巻いています。「ごめんなさい」と言わずに、「遺憾に思っております」と自分の非を認めない話し方です。

　「英語で話すときは結論を明確に、論理的に話せ」とよく言われますが、そうではない状況も実際のビジネスや交渉では多々あります。そのためにも、このような表現に慣れておくといいでしょう。この種の言い回しは、政治家、企業家など、影響力のある人物のインタビューなどでもよく出てきます。

　さらに B は、it was a justified decision based on what we knew at that time.（当時において我々が把握していた知識に基づいて下された、根拠ある決定でした）とまで言い、全力で責任回避を試みます。justified は「正当化された」という意味ですが、交渉では重宝する表現です。

◆ 「不可抗力」「避けられなかった」still 1語だけでこんな言い方も！

　B の最後の still happened は、直訳すると「それでも起こった」となりますが、「避けられなかった」という意味にもなります。

　例えば、「それは回避不可能でした」と言うときに、unavoidable という単語をど忘れし、言葉に詰まってしまった状況をイメージしてください。**(Unfortunately) it still happened.** と、シンプルな単語のコンビネーションで応じれば、まずは問題なしです。

それぞれ1語のように、1つの名詞として一息で音読しましょう。

1. **what** happened　起こったこと、当該の案件、事件
2. **any losses and damages** on either side of the conflict
   双方における<u>あらゆる被害と損害</u>
3. **a justified decision based on what** we knew at that
   time　当時把握していた［入手可能だった］知識［知っていたこと］
   に基づいた根拠ある決定
4. **what** they could　彼らができたこと

パワー音読トータル・ワークアウト

　パワー音読トレーニングです。右ページの英文を使って、A、B両方のパートを音読しましょう。詳しいやり方は p.19 ～ 21 を参照してください。

1. チャンク音読	**4.** 和訳音読
2. ノーマル音読	**5.** 感情音読
3. ささやき音読	**6.** タイムアタック音読(5分)

✓「聞こえる耳」を手に入れ、「楽に」話す練習でもあります。1人2役＆関係詞節で会話の「呼吸」をつかみましょう！
✓ 関係詞節の意味のかたまりが1語のように、英文にバチッとハマる感覚を味わいましょう！
✓ カラー字は強く（＝高く）、グレー字は「～ッ」のように省略する（＝はっきり発音しない）ことによって、感情を込めやすくなります。

✏️「和訳音読」用に自分なりの和訳を書いてみよう。

A:

B:

A: So, WHAt do you think CAUsed all the LOsses and damages? Do YOU feel Any guilt about what happened?

B: I DO feel BAd about Any losses and damages on EIther side of the COnflict, but I DO think it was a JUstified decision BAsed on WHAt we knew at THAt time.
I mean Everybody involved DId what they could to WORk on it, but it still HAppened …

(67 語)

タイムアタック音読 (WPM)

1 回目＿＿＿＿＿＿＿　　2 回目＿＿＿＿＿＿＿　　3 回目＿＿＿＿＿＿＿

A : , which means it is not your fault and you're not accountable at all?

Look at what the graph says …

It tells us that what you did and what happened are apparently correlated.

B : I understand why you say that and exactly why you think it's what it appears to be … but, let me tell you … it's different from what it looks like.

Statistics establish only correlations, not causes or effects.

The correlations you mentioned do not establish anything causal though it looks like it does, which is where it gets tricky.

These occurred by coincidence.

Let me show you what the real cause is.

日本語訳

A: では、それは君の失敗ではなく、責任もないということなのか？ グラフ
をよく見るといい。君のやったことと発生した事案は明らかに相関してい
ることがわかるはずだ。

B: なぜそのように言われ、これが見たままだと思われるかもわかります…で
も本当なのです…これは見かけ上とは違ったものなのです。統計は相関関
係を証明することはできても、因果関係を証明することはできないのです。
おっしゃっていた相関は、見かけ上はそうであっても、因果関係について
は何も証明してはいません。そしてそこがややこしいところではあるので
すが。これら（の事象）は偶然の産物です。では、本当の原因をお見せし
たいと思います。

Useful Expressions

, which means そしてそれは〜という意味だ

accountable 説明責任がある

the graph says 〜 グラフは〜と言っている（＝グラフでは〜となって
いる）

it tells us that 〜 それは〜と言っている（＝それによると〜となっている）

apparently どうやら〜のようだ

let me tell you あなたに言わせてください（＝本当なんです、信じて
ください）

statistics establish only correlations 統計は相関関係しか証明できない

by coincidence 偶然によって

◆ 証拠を見せられても主張をあきらめてはいけない！

It tells us that what you did and what happened are apparently correlated.（君のやったことと発生した事案は明らかに相関していることがわかるはずだ）と、上司の A は証拠を見せて B に詰め寄りますが、B も負けてはいません。... but, let me tell you ... it's different from what it looks like.（…でも本当なのです…これは見かけ上とは違ったものなのです）と応じます。

it's different from what it looks like は直訳すれば、「それは見える姿とは違っている」となり、イメージがつかみにくいですが、「これはそういうのとは違うんです」「そんなんじゃないです」のようなニュアンスに近くなります。

たとえ証拠を見せられようが、本来の交渉では簡単にあきらめることは許されません。そこで、このようにまず「証拠の有効性」を否定し、その証明に取りかかればいいわけです。

◆ 時には「面倒くさい」話し方も必要！

B は、Statistics establish only correlations, not causes or effects. The correlations you mentioned do not establish anything causal though it looks like it does, which is where it gets tricky. These occurred by coincidence.（統計は相関関係を証明することはできても、因果関係を証明することはできないのです。おっしゃっていた相関は、見かけ上はそうであっても、因果関係については何も証明してはいません。そしてそこがややこしいところではあるのですが。これら［の事象］は偶然の産物です）と、因果関係そのものを否定する荒技に出ます。

そしてついに、Let me show you what the real cause is.（では、本当の原因をお見せしたいと思います）と、交渉の次なる展開の扉をこじ開けます。

それぞれ1語のように、1つの名詞として一息で音読しましょう。

1. **what** the graph says　グラフの内容（＝グラフが語る こと）
2. **what** you did　あなたがやった こと
3. **what** happened　起こった こと
4. **why** you say that　あなたがそのように言う 理由
5. **why** you think it's what it appears to be　あなたがそれが見たままだと思ってしまう 理由
6. **what** it looks like　それの見た目（＝それが似ている もの）
7. **where** it gets tricky　（状況＝itが）ややこしくなる 部分
8. **what** the real cause is　本当の理由である もの（＝本当の理由が 何であるか）

　パワー音読トレーニングです。右ページの英文を使って、A、B両方のパートを音読しましょう。詳しいやり方はp.19〜21を参照してください。

1. チャンク音読	**4.** 和訳音読
2. ノーマル音読	**5.** 感情音読
3. ささやき音読	**6.** タイムアタック音読(5分)

✔「聞こえる耳」を手に入れ、「楽に」話す練習でもあります。1人2役＆関係詞節で会話の「呼吸」をつかみましょう！

✔関係詞節の意味のかたまりが1語のように、英文にバチッとハマる感覚を味わいましょう！

✔カラー字は強く（＝高く）、グレー字は「〜ッ」のように省略する（＝はっきり発音しない）ことによって、感情を込めやすくなります。

✏️「和訳音読」用に自分なりの和訳を書いてみよう。

A:

B:

A: , which MEAns it is NOt your fault and you're NOt accountable at All?

LOOk at what the gRAph says ⋯

It TElls us that WHAt you did and WHAt happened are apPArently COrrelated.

B: I undersTAnd WHY you say that and eXActly why you THInk it's what it apPEARs to be ⋯ but, LEt me tell you ⋯ it's DIfferent from what it LOOks like.

StaTIstics establish Only correLAtions, NOt causes or effects.

The correLAtions you mentioned do NOt establish Anything causal though it looks like it DOes, which is where it gets tRIcky.

THEse ocCURred by coIncidence.

LEt me show you what the REal cause is.

(103 語)

タイムアタック音読 (WPM)

1 回目＿＿＿＿＿　　2 回目＿＿＿＿＿　　3 回目＿＿＿＿＿

A: , which is what you think.

All these things happened under your supervision in your jurisdiction, which you should take very seriously. You are being held accountable for what happened.

B: As I said, it's definitely very unfortunate that it happened, and I do feel bad about what's happening now between you and me, and I would like you to understand what the situation was, which was unavoidable no matter what we would've tried to do … so I'd even say it was somehow meant to happen, and that's because the whole situation did not allow us to see what was coming to us, which was something that was unavoidable …, which doesn't necessarily mean I'm against what you're telling me.

日本語訳

A: そしてそれって、君の側の言い分だろう。一連の事象は君の指揮下および管轄で発生したんだ。そしてそこを真剣にとらえるべきだ。この事案に対して君には説明責任がある。

B: 先ほどお伝えしましたように、このようなことになってしまい大変残念に思っていますし、私たち当事者間でこのようなやりとりが行われていることも大変遺憾なことですが、わかっていただきたいのは当時どのような状況であったかということと、そしてそれがどのような対応を取ったにせよ避けられなかった［不可抗力だった］ということなのです…ですので、言葉が過ぎるかもしれませんが、それは起こるべくして起こったのでしょうし、置かれていた状況のせいで何が起こるか予見できなかったことがその理由で、そしてそれは不可避のことだったのです…そしてそれは、おっしゃっていることに反論しているというわけではないのです。

Useful Expressions

, which is what you think	あなたの身勝手な言い分［見方］
supervision	監督、指揮
jurisdiction	管轄
be held accountable for ～	～に対して説明責任がある
what happened	起こったこと、事象、事案、案件
it's definitely very unfortunate that ～	～をとても残念に思う
no matter what we would've tried to do	（我々が）どんな対応をしていたとしても
I'd even say ～	～とまで（私なら）言うだろう（＝言葉が過ぎるかもしれませんが）
be meant to happen	～する［となる］運命にある（＝～する［となる］ことは避けられない ※「運命」＝ fate や destiny に惑わされずにこの表現を使う）
that's because ～	それは～だからだ
not necessarily	必ずしも～ではない、～とは限らない

◆**As I said,で主張を繰り返し、無生物主語と関係詞で
　リスクを下げる！**

　上司であるAは、今度は「一連の事象は君の指揮下および管轄で発生したんだ」（All these things happened under your supervision in your jurisdiction）と、追及の矛先を管轄責任の観点から部下のBに向けます。

　しかし、Bは1歩も引かず、以下のように、すかさず反駁に転じます。

As I said, it's definitely very unfortunate that it happened, and I do feel bad about what's happening now between you and me, and I would like you to understand what the situation was, which was unavoidable no matter what we would've tried to do ...（先ほどお伝えしましたように、このようなことになってしまい大変残念に思っていますし、私たち当事者間でこのようなやりとりが行われていることも大変遺憾なことですが、わかっていただきたいのは当時どのような状況であったかということと、そしてそれがどのような対応を取ったにせよ避けられなかった［不可抗力だった］ということなのです…）

　Bは「遺憾に思う」旨を何度も繰り返し主張しつつ、すべては「不可抗力だった」ので「誰にも責任はない」と次の荒技を繰り出し、責任回避を図ります。そしてついには、so I'd even say it was somehow meant to happen（ですので、言葉が過ぎるかもしれませんが、それは起こるべくして起こったのでしょう）と運命論まで使い始めます。

◆ **無生物主語は責任回避の「実戦技」そのもの！**

　ここで大切なことは、**「責任を回避するときに無生物主語は大活躍する」**という事実です。人間以外のモノを主語にしてしまえば当然、責任はそのモノに対して向けられます。

　きれいごとではない交渉などの局面で、無生物主語（ここではthe situation）が瞬間的に出てこないと、「日本語だったらこんなはずじゃなかったのに！」とくやしい思いをすることになります。

◆関係詞で「具体的なこと」を言わずにリスクを避ける！

　また、関係詞を多用することによって、**「具体的な単語の使用を極力避けることが可能になる」**という事実も大切です。具体的なことを言わないほうが、当然責任を被るリスクを減らせます。そして、シンプルな単語の使い回しに長けていれば、そのような物言いが瞬間的にできるので、実戦でのスピーキングを有利に展開できるのです。

チャンク音読（一語認識トレーニング）　🔊 Track | 52

　それぞれ1語のように、1つの名詞として一息で音読しましょう。

1. **what** you think　あなたの思うこと、意見
2. **what** happened　起こったこと、事象、事案、案件
3. **what**'s happening now between you and me　私たち［両者］の間で今起こっていること
4. **what** the situation was　どのような状況であったか、当時の状況
5. **what** we would've tried to do　私たちが（きっと）やったであろうこと
6. **what** was coming to us　私たちにやってくること（＝起こりつつあること、起こるとされること）
7. **something** that was unavoidable　避けられないこと
8. **what** you're telling me　あなたが言っていること（＝おっしゃっていること）

167

パワー音読トレーニングです。右ページの英文を使って、A、B両方のパートを音読しましょう。詳しいやり方は p.19 〜 21 を参照してください。

1. チャンク音読	**4.** 和訳音読
2. ノーマル音読	**5.** 感情音読
3. ささやき音読	**6.** タイムアタック音読(5分)

✔「聞こえる耳」を手に入れ、「楽に」話す練習でもあります。1人2役＆関係詞節で会話の「呼吸」をつかみましょう！

✔関係詞節の意味のかたまりが1語のように、英文にバチッとハマる感覚を味わいましょう！

✔カラー字は強く（＝高く）、グレー字は「〜ッ」のように省略する（＝はっきり発音しない）ことによって、感情を込めやすくなります。

✒「和訳音読」用に自分なりの和訳を書いてみよう。

A: _____

_____

_____

_____

_____

_____

B: _____

_____

_____

_____

_____

_____

_____

A: , which is what YOU think.

All THEse things happened under YOUR supervision in YOUR jurisdiction, which YOU should take VEry seriously. YOU are being HEld acCOUntable for what HAppened.

B: As I SAId, it's DEfinitely VEry unFORtunate that it happened, and I DO feel BAd about what's happening now between YOU and ME, and I would LIke you to undersTAnd what the situAtion was, which was unaVOidable no MAtter WHAt we would've tRIed to do … so I'd Even say it was SOmehow MEAnt to happen, and THAt's because the WHOle situation did NOt alLOw us to see what was COming to us, which was SOmething that was unaVOidable …, which DOesn't necesSArily mean I'm aGAinst what you're TElling me.

(117 語)

A: What I think we should do for now is to break what happened into fragments and go into the details in order to figure out what we can actually do about what's been happening, not ignoring the fact that we should be doing all these things as you can see in the figure.

What do you think we should do first?

We'd like to know what to do by the numbers, and we'll do the best we can.

B: , which I think is very hard to tell because we need to fix it for as long as it takes, and as you can probably see, this is just a very slow and time-consuming process, which has made it much tougher than we thought to figure out what we can do right away ⋯

Chances are it will take a lot longer than we might think it will, which is very frustrating ⋯ though I hate to say this.

日本語訳

A: 私が思うに、当面やるべきことは発生した事案を細分化し、詳細を調べて、
この継続事案に対して実行可能な対応を見極めることだろう。図表［数値］
を見ればわかると思うが、これらのことはすべて実行できていないといけ
ない。それを当然忘れてはならないんだ。まずはどこから着手すべきだと
思う？ 定石通りに対応する方法を知りたい。最善を尽くそう。

B: まさにそこが私の考える困難な点なのです。というのも、これだけ長い期
間ずっと修正を継続する必要があるわけですから。そしてきっとお察しの
通り、これはとにかく緩慢で時間を浪費するんです、そしてそのせいで我々
の予想を大きく超えていて、早急に対応策を考え出すことが困難なのです。
ひょっとしたら、この件は思っているよりもはるかに時間がかかり、いら
だたしくもあります…このようなことを申し上げるのは心苦しいのですが。

Useful Expressions

for now 当面、今のところ、とりあえず

break 〜 into fragments 〜を細分化する

go into the details 詳細に調べる、細部まで分析する

not ignoring the fact that 〜 〜という事実は無視せずに（＝〜という
　ことは念頭に置きながら）

as you can see in the figure 図表［数値］にあるように

by the numbers 形式通りに

, which I think is very hard で、それが大変なのです

for as long as it takes こんなにも長い間

as you can probably see もうお察しの通り

time-consuming 多大な時間がかかる、時間を食う

right away すぐに、即座に（＝ immediately）

chances are 〜 〜かもしれない、〜という可能性もある、ひょっとす
　ると〜かもしれない

frustrating いらだたしい、ストレスのたまる、釈然としない

I hate to say 〜 〜とは言いたくはないですが（＝本意ではないが〜と
　言わざるを得ない）

◆ さりげなく we で一体感を演出し、場を収める

上司 A はまず、What I think we should do で、さりげなく we を使って自他の一体感を演出し、相手（部下）を丸め込もうとしています。

実際のスピーキングで、we と言えば「我が社」であり、さらに「我が部署」「我が校」「我がクラブ」などと、いくらでも日本語を状況に応じて対応させることができます。非常に簡単でシンプルな語彙を「使い回す」感覚と応用性を養うことができます。

議論では、相手を主語にして you を多用しがちですが、you では相手の警戒心がどんどん高まり、心を閉じてしまいます。**we や I を使って説得にかかると、相手は少しずつ心を開き、対話に応じてくれる**可能性が高まります。

◆ 予測される反論を先手で封じ込める

not ignoring the fact that ～で「～という事実を無視することなく＝～ということは忘れないようにしながら［念頭に置きつつ］」となり、予測される反論をあらかじめ封じ込めることが可能です。

そして最後に、上司の A は What do you think we should do first?（まずはどこから着手すべきだと思う？）と相手にアドバイスを求め、自分の展開に B を巻き込もうと試みます。

◆ 瞬間的に相手に応じ、正当性を主張する

「，（カンマ）which」でおそれず、とぎれず、たじろがず

しかし B は、, which I think is very hard to tell because ～（まさにそこが私の考える困難な点なのです、というのも～）と、瞬間的に「，（カンマ）which」で会話の流れを自分のほうに引き戻しにかかり、さらに because でつないで自分の意見の正当性を主張します。

ディスカッション、ディベート、交渉などで「返し」の速さに自信がつくと、何か質問されたり追求されたときに、「すかさず返す」と「ゆっくりと応じる」の２つオプションを持つことができます。

重要なのはとにかく、**「，（カンマ）which」を遠慮なく使うこと！**　また、

because 〜 の代わりに、I have a few reasons, First 〜, Second 〜, Third 〜, Therefore 〜のように理由を列挙する技につなげます。

「,（カンマ）which」で思いを瞬間的にどんどん追加できるスキルは、きれいごとではない真剣勝負では必須だと考えましょう！

チャンク音読（一語認識トレーニング）

それぞれ1語のように、1つの名詞として一息で音読しましょう。

1. **what** I think we should do for now　当面私たちがやるべきだと私が思う**こと**
2. **what** happened　起こった**こと**、発生した**こと**、案件、事案、懸案
3. **what** we can actually do　私たちが実際にできる**こと**、実行可能な対応、現実的対応
4. **what's** been happening　（今まで）起こり続けている**こと**、継続事案、未解決案件
5. **the best** we can　最善、最大限の努力（＝できる**最善**）
6. **what** we can do right away　すぐに私たちができる**こと**（＝早急な対応）

パワー音読トレーニングです。右ページの英文を使って、A、B両方のパートを音読しましょう。詳しいやり方は p.19 〜 21 を参照してください。

1. チャンク音読	**4.** 和訳音読
2. ノーマル音読	**5.** 感情音読
3. ささやき音読	**6.** タイムアタック音読(5分)

✔「聞こえる耳」を手に入れ、「楽に」話す練習でもあります。1人2役＆関係詞節で会話の「呼吸」をつかみましょう！

✔ 関係詞節の意味のかたまりが1語のように、英文にバチッとハマる感覚を味わいましょう！

✔ カラー字は強く（＝高く）、グレー字は「〜ッ」のように省略する（＝はっきり発音しない）ことによって、感情を込めやすくなります。

✏️「和訳音読」用に自分なりの和訳を書いてみよう。

A:
_____

_____

_____

_____

_____

B:
_____

_____

_____

_____

_____

_____

_____

A: What I THInk we should do for NOw is to bREAk what happened into fRAgments and GO into the DEtails in order to FIgure out WHAt we can Actually do about WHAt's been happening, NOt ignoring the FAct that we SHOUld be doing all THEse things as you can SEE in the FIgure.

WHAt do you think we should do first?

We'd like to know what to do by the NUmbers, and we'll do the BEst we CAn.

B: , which I think is VEry hard to tell because we need to FIx it for as LOng as it TAkes, and as you can pRObably see, THIs is just a VEry slow and TIme-consuming process, which has MAde it MUch tougher than we thought to FIgure out WHAt we can do right aWAy ⋯

CHAnces are it will take a LOt longer than we MIght think it will, which is VEry frustrating ⋯ though I HAte to say this.

(155 語)

A: , which I think is a given, and we've got to do what we've got to do, and we've always done what we tried, which is what makes us what we are and what sets us apart from all the other competitors.

I agree that the situation is tough, but we've got to be doing whatever we can, I mean we've got to be doing everything we can, and what I think we can do is to try to see where we can do the most good first, and we'll probably see what we can do next, that's how it works.

B: You make it sound so easy but apparently it's not as easy as you might think it is.

I'm telling you, it's way more difficult than you think it is. Please do not think it's exactly what it appears to be, I mean it's very different from what it looks like.

日本語訳

A: まあ、それは当然とも言える。やることはやらないといけないし、今まで
だって（成功いかんにかかわらず）いつもそうやってきた。そしてそれが
ウチ［当社］の存在価値［アイデンティティー］で、ヨソ［同業他社］と
の違いなんだよ。厳しい状況だとは思うが、しかしウチはできることは何
でもやらなきゃだめだ、というか、できることは片っ端からやらないとい
けない。そしてウチでできると思うことなのだが、最大の効果［パフォー
マンス］が出せる部分をまずは見分けることだ。そうすればきっと、次に
できることが見えてくるはずだから、そんなもんだろう？

B: 簡単におっしゃいますが、この件は思っておられるほど単純な話ではない
のです。お聞きいただきたいのですが、考えておられるよりずっと困難が
あるのです。（問題の）見たままを信じないでください。というより、見
かけというのは（本質とは）違うのです。

Useful Expressions

〜 is a given　〜は当然のことである、〜は周知の事実である、〜は前
　提条件である、〜は（あって）当たり前である

set 〜 apart　〜を際立たせる、〜を目立たせる

do the most good　最大［最良］の働きをする

it works　うまくいく

make it sound so easy　それが簡単なことのように話す（ここでは「夢
　物語だけで現実が見えていない＝お花畑思考」を示唆している）

I'm telling you　本当にそうなのです、本気で言っています、本当にそ
　うでしょう

way more 〜　ずっと〜だ（= a lot more, much more）

it's very different from what it looks like　見た目とは違うのです

◆ スピーディーなやりとりでこそ生きる
　「主語＋基本動詞」の意味の「因数分解」

　A、Bともに、「,（カンマ）which」を使って応じるスピーディーな展開が続きます。Aの1文目にある what makes us what we are は、identity とほぼ同じ意味となります。そのため、日本語訳では、1語をシンプルな言葉で言い換える格好の練習と考えて、あえて「アイデンティティー」としました。また、Bの冒頭の You make it sound so easy は、きつい日本語で言うと「夢物語、お花畑思考」などになります。どちらも英語では関係詞や「主語＋基本動詞」のコンビネーションで、シンプルに表されていることに注目してください。ふだんから「このコンビネーションは日本語の○○に当たるなぁ！」と英語のインプットを楽しめば、徐々に「自分だけの英語」ができあがります。このような経験を繰り返すほど、英語の発話の「瞬発力」にさらに磨きがかかり、表現の切れ味が増していきます。

◆ I'm telling you が聞こえたら、相手は本気！

　Bの2文目、I'm telling you は、「よく聞いてね」「ね、そうでしょ」「〜って言っているでしょ」「わかった？」「言っておくけど」「〜じゃないですか」「あのねぇ」「はっきり言って」などの意味で使われますが、「本気で言っています」というコアの意味をつかんでおけば使いやすくなります。

　I mean it. とも同じように使われます。簡単なので覚えておきましょう。

◆ 頭が真っ白になったときにこそ瞬間的に話せるように

　Bの最後の it's very different from what it looks like は「それは見た目と違っている」という意味ですが、映画などで犯人や浮気をしている人が現場を押さえられて、「こ、これはそんなんじゃないんだ！」などと苦し紛れに言う場合にもよく使われます。修羅場の断末魔も英語で言うことは可能です。感情的になって思考が吹っ飛んだときに出てくるのは、**このように関係詞やit、基本動詞といったシンプルな言葉のコンビネーションばかり**です。

　また、いきなり「何か英語で話してください！」とムチャ振りされたら、I

... I ... I'm so nervous that I don't even know what I'm talking about ... Well, please allow me for not telling a joke at first ...（き、き、緊張しておりまして、自分でも何を言っているかわかりません。あのう…ジョークとか最初に言えませんが、お許しくださいね…）などと、ここでも関係詞やシンプルな言葉のコンビネーションで言えるように練習しておけば、こなれた英語に聞こえ、笑いを取って場を和ませる技となります。

チャンク音読（一語認識トレーニング）　◀》 Track | 56

それぞれ1語のように、1つの名詞として一息で音読しましょう。

1. **what** we've got to do　私たちがしなければならないこと
2. **what** we tried　私たちが挑戦したこと［やろうとしたこと］
3. **what** makes us what we are　私たちを私たちたらしめるもの（＝私たちのアイデンティティー）
4. **what** sets us apart from all the other competitors　他のすべてのライバル企業から当社を際立たせるもの［引き離すもの］（＝他のすべてのライバル企業と当社の違いを作るもの）
5. **whatever** we can　私たちができることは何でも
6. **everything** we can　私たちができるあらゆること
7. **what** I think we can do　我々ができると私が思うこと
8. **where** we can do the most good first　最良［最大］の働き［パフォーマンス］ができる部分
9. **what** we can do next　次に私たちができること
10. **how** it works　うまくいく方法
11. **what** it appears to be　見た目、様子、外観（＝それが現れる姿 ※lookと比べ、「〜のようだ、〜そうだ」のように視覚的印象に基づいた「客観的判断」のニュアンスが強い）
12. **what** it looks like　見た目、様子、外観（l＝それが何のように見えるか ※appearと比べ、「見た目はこうだが、実際はどうであるかわからない」というニュアンスが強い）

パワー音読トレーニングです。右ページの英文を使って、A、B両方のパートを音読しましょう。詳しいやり方はp.19〜21を参照してください。

1. チャンク音読	**4.** 和訳音読
2. ノーマル音読	**5.** 感情音読
3. ささやき音読	**6.** タイムアタック音読（5分）

✔「聞こえる耳」を手に入れ、「楽に」話す練習でもあります。1人2役＆関係詞節で会話の「呼吸」をつかみましょう！

✔関係詞節の意味のかたまりが1語のように、英文にパチッとハマる感覚を味わいましょう！

✔カラー字は強く（＝高く）、グレー字は「〜ッ」のように省略する（＝はっきり発音しない）ことによって、感情を込めやすくなります。

✏「和訳音読」用に自分なりの和訳を書いてみよう。

A:

_____

_____

_____

_____

_____

B:

_____

_____

_____

_____

_____

A: , which I think is a GIven, and we've GOt to do what we've GOt to do, and we've Always done WHAt we tried, which is what MAkes us what we ARE and what SEts us aPARt from all the Other comPEtitors.

I agREE that the situAtion is TOUgh, but we've GOt to be doing whatever we can, I mean we've GOt to be doing Everything we can, and what I THInk we can do is to tRY to see WHERE we can do the MOst good first, and we'll pRObably see WHAt we can do NExt, THAt's how it works.

B: You MAke it sound SO Easy, but apPArently it's NOt as easy as you might THInk it is.

I'm TElling you, it's WAY more DIfficult than you THInk it is. Please do NOt think it's eXActly what it apPEARs to be, I mean it's VEry different from what it LOOks like.

(151 語)

A： But what other choice do we have?

Nothing!!

What will change the situation for the better (in the long run) is to step back and see the whole picture first and then break it into small steps no matter what it takes, and make a list of what we should do, as I've said lots of times.

B： I want you to see what it is instead of what you want it to be.

I'm telling you, it is what it is, and we're doing what we can for sure, and we're doing so to the best of our ability. So, it's not that we're not trying …

It's just that we haven't found a way out yet, and chances are it has to wait a lot longer than we think for the situation to play out in our favor.

It's frustrating but we should let time do the job for now.

日本語訳

A: そうは言っても、他にどんな選択肢があるというのだ？　そんなものはな
いだろう!!　（長い目で見て）状況を好転させるのは、まず1歩下がって
全体を俯瞰し、状況の全体像を把握し、細分化することだ。何としてもそ
うしないといけない、そしてやるべきことをリストにするんだ。何度も伝
えているだろう。

B: 理想ではなく現実のままを見ていただきたいのです。お聞き願います、現
実はただ1つで［しょうがないので］、私たちは最善を尽くしておりますし、
できることは能力ギリギリまでやっています。真剣に取り組んでいないわ
けではないのです…。とにかくまだ対応策が見つかっていないだけで、状
況が好転するには、予想よりはるかに時間がかかる可能性があるのです。
いらだたしい状況ではありますが、今のところは時間の経過に任せるほう
がいいと思います。

Useful Expressions

for the better	良い方向に
in the long run	長い目で見て
no matter what it takes	何が必要であっても（＝何としても）
make a list of 〜	〜のリストを作る、〜をリストにする
it is what it is	それが現実だ（＝しょうがない、どうしようもない）
to the best of one's ability	全力を尽くして、能力の限り
it's not that 〜	〜というわけではない
it's just that 〜	ただ〜というだけなのです
find a way out	出口を見つける（＝解決策を見つけ出す）
play out	展開する
in one's favor	（人）の都合のいいように
let time do the job	時間に仕事をさせる（＝時が解決する）

◆ **it が頻出する英語はすべて瞬発力に通ず**

　A の 3 文目にある what it takes は「必要なもの、必要要件［条件］」を表しますが、「才能、資質」という意味でも使われます。映画やドラマを見ていると、逐語訳的に「才能、資質」を表す talent や gift より、出現頻度はずっと高いと言えます。「アイデンティティー」を identity 以外に、what makes us what we are のようにも表現できるのと同じですね。

　また、B の 1 文目にあるように、what it is で「現実」（reality/fact）を、what you want it to be で「願望、甘い考え、夢物語」（wishful thinking）を簡単に表現できます。関係詞節の「意味のストライクゾーン」の広さを存分に感じましょう！

　これで、よく使われる慣用表現の it is what it is（「まあ、そんなものだよね」「それが現実さ」「世の中そんなもの」）の感覚もつかめてきますね（この it is は it's と短縮しません）。ここでも**主語に困ったら it にする技**が使えます！　it は使いやすいように、「世の中、物事、いろいろ」と覚えてください。it に意識が向き、周辺のシンプルな単語のコンビネーションの音読を続けると、ネイティブ同士の英語の会話も「感情と直結した人間の言葉」として、余裕を持って聞き取れるようになります。こうなると、逆説的ですが、スペルが長く「難易度の高い」単語のほうがよほど、ゆっくりと楽に聞き取れるようになることに驚くはずです。

◆**「英語は常にダイレクトに言う」わけじゃない**

　次に、B の 3 文目、it's not that ～（～というわけではない）という表現に注目です。以前にも触れたように、「英語はダイレクトに内容を伝えろ」という意見もありますが、日本的な柔らかい言い方を簡単な単語で表すことも可能です。例えば、it's not that I don't love you（愛していないというわけではない→愛してないわけじゃない）のように、日本的かつ間接的で繊細な恋愛表現でも可能です。

　ビジネスやさまざまなシチュエーションで、it's just that ～（ただ～というだけなのです→ただ不可抗力だったのです）、it's just that the situation didn't allow me [us]（とにかく不可抗力だったのです）といった表現をさらりと言えるようになるまで、しっかり音読しましょう。

◆無生物主語の感覚を深める

　ここでも日本語の発想のカラを破る、無生物主語に注目しましょう。Bの4文目にある play out in our favor は「状況が好転する」という意味ですが、前述の**「主語に困ったら it にする技」**で it is playing out in our favor と表現可能だとわかれば、「（いろいろ）うまくいき始めた」のように、日本語と英語の間を自由に行き来できるようになります。

　では、無生物主語を使いこなす感覚を1歩進めます。直訳では発想しにくい let と無生物主語の合わせ技を身につけてください。let time do the job は「時が解決する」となりますが、これで time solves のような「定訳」を離れて自由に話す応用力のコアが手に入ります。さらに、let time do the job でビジネスや人生のさまざまな出来事について、「（余計なことはせずに）待てばいい」「待てば海路の日和あり」「（体調やケガなどの回復が）時間の問題だよ」など、表現の幅はほぼ無限に広がります。

チャンク音読（一語認識トレーニング）　　🔊 Track | 58

　それぞれ1語のように、1つの名詞として一息で音読しましょう。

1. **what will change the situation for the better**　状況を好転させるもの
2. **what it takes**　必要なもの、必要要件［条件］（「才能、資質」という意味もある）
3. **what we should do**　私たちがやるべきこと
4. **what it is**　それそのもの（ここでは「それでしかない→現実」という意味）
5. **what you want it to be**　あなたがそうであってほしいと思うこと（ここでは「夢物語、現実を見ていない」という意味）
6. **what we can**　私たちにできること

パワー音読トレーニングです。右ページの英文を使って、A、B両方のパートを音読しましょう。詳しいやり方はp.19〜21を参照してください。

> **1.** チャンク音読　　　　　**4.** 和訳音読
> **2.** ノーマル音読　　　　　**5.** 感情音読
> **3.** ささやき音読　　　　　**6.** タイムアタック音読(5分)

✔「聞こえる耳」を手に入れ、「楽に」話す練習でもあります。1人2役＆関係詞節で会話の「呼吸」をつかみましょう！
✔ 関係詞節の意味のかたまりが1語のように、英文にバチッとハマる感覚を味わいましょう！
✔ カラー字は強く（＝高く）、グレー字は「〜ッ」のように省略する（＝はっきり発音しない）ことによって、感情を込めやすくなります。

✏「和訳音読」用に自分なりの和訳を書いてみよう。

A:

B:

A: But WHAt other choice do we HAve?

NOthing!!

WHAt will CHAnge the situation for the BEtter (in the LOng run) is to sTEp back and see the WHOle picture first and then bREAk it into sMAll steps no MAtter what it takes, and MAke a list of WHAt we should do, as I've said LOts of times.

B: I WAnt you to SEE what it is instead of what YOU want it to be.

I'm TElling you, It is WHAt it is, and we're DOing WHAt we can for SURe, and we're DOing so to the BEst of our aBIlity. So, it's NOt that we're NOt trying ⋯

It's JUst that we HAven't found a WAy out yet, and CHAnces are it HAs to wait a LOt longer than we THInk for the situAtion to pLAy out in our FAvor.

It's fRUstrating but WE should let time do the job for NOw.

(150 語)

A: , which is also what I'm trying to do …

That's why I think, instead of wasting our time worrying about what we can't do and where this project might be going, we try to share what's going on and what the data tells us, so we can come up with new ideas to find a way out and improve the situation.

I don't think we should give up doing what we want to do just because the situation has been what it's been.

B: Okay, it's a big if, but if what we're trying to do works just as we want it to, making the most of what we have … then what difference do you actually think we can make in a situation like this?

日本語訳

A: それこそが、まさにやろうとしていることなんだよ。だからこそ思うのだが、実行できもしないことに気をとられて時間を無駄にしたり、このプロジェクトの今後を案じてばかりいる代わりに、現在の状況とデータ（の解析結果）を共有して対策を講じれば、状況を好転させることができるんだ。私は状況がこんなだからといって、あきらめるべきではないと思う。

B: わかりました。これはあくまで「もしも」の話ですが、当社がやろうとしていることが、利用できるものは最大限に活用し、計算通りに進んだとしまして、このような状況で現実的には何が変えられるとお考えでしょうか？

Useful Expressions

, which is also what I'm trying to do　で、それをやろうとしているんです

where this project might be going　当プロジェクトの行くところ（＝当プロジェクトの行く末［今後］）

what the data tells us　データが語ること（＝データの内容［意味］）

improve the situation　状況を好転させる

the situation has been what it's been　状況がこのようである

it's a big if, but 〜　あくまで「もしも」の話ですが〜（＝可能性は低いことを承知のうえで〜）

make the most of 〜　〜を最大限に生かす

make a difference　変化をもたらす、良くする、改善する

◆「会話を盗み取る」
「,（カンマ）which」の返しパターンのバリエーション

　A が冒頭で使っているように、「間髪入れずに言い返す技」である、, which is also what I'm trying to do（私もそれをやろうとしているんです）をぜひ覚えてください。「,（カンマ）which」で話に応じると、瞬間的に相手が話している内容を盗み取り、自分が話す機会を半ば強引に手に入れることができます。

　例えば、, which I don't think right because 〜もしくは, which I don't think is a good idea, and I have a few reasons, First 〜, Second 〜, Third 〜, Therefore 〜と応じれば、「で、それはよくないと思うんですよ、というのも〜」のように相手の呼吸を盗んで、しかも論理的に自分の意見の証明にまで持ち込むことができます。きれいごとではないプレゼンの質疑応答、ディスカッション、ディベートでは必須の実戦技と言えます。

◆「関係詞節は無生物主語」この感覚で発想はさらに英語化する！

　次に、関係詞節と無生物主語のコンビネーションで日本語の発想の壁をさらに突き崩し、瞬発力を高めましょう。**モノにはすべて人格があり（＝主語となり）、この世で主語にならないものはない**と実感してください！

　例えば、A の 2 文目にある where this project might be going は、「当プロジェクトの行くところ」→「当プロジェクトの行く末［今後］」となります。

　応用して、where our relationship is going は、直訳すると「私たちの関係の行くところ」ですが、恋愛では「私たち、どうなっちゃうの？」のようにも使えます。

　what the data tell(s) us は無生物主語で、「データが私たちに教えてくれること」→「データの内容［意味］」です。ちなみに、data は datum の複数形（ただし、物質名詞として data を単数扱いする場合もきわめて多い）であることに注意。この表現があれば、英語プレゼンでビジュアルエイドを効果的に、そして臨機応変に使うことができます。まったく同じ感覚で、what the article/graph says（記事［図］の内容）のようにも使え、応用はほぼ無限大で

すね。

　～ say(s) や～ tell(s) という表現は、データや書物、記事などが（私たちに）「語っている、言っている」というイメージを教えてくれます。

　日本語ではあまり頻繁に使う言い回しではありませんが、これらを繰り返しパワー音読して練習しておくと、「モノにはすべて人格がある」という英語の無生物主語の感覚が、さらに深く身につきます。

　その典型的で慣用的、そして非常に便利な使い方が、以下に示すような「関係詞とのコンビネーション」です。英語プレゼンなどで特にビジュアルエイドを使う場合に、これらの表現を使うと軽やかに、そしてスマートに発表が行えます。「内容」を contents という英語に直訳するのもいいですが、それだけにこだわらず、「関係詞とのコンビネーション」を積極的に使っていきましょう。

　英語を読んだり聞いたりするときに、これらの無生物主語の発想が意外なほど多く使われていることに気づくはずです。

【無生物主語と関係詞のコンビネーション例】

「『それ』の内容」　what "it" says
　　　　　　　　　　what "it" tells us

「データの内容」　what the data say(s)
　　　　　　　　　what the data tell(s) us
　　　　　　　　　what the data show(s)

「グラフから読み取れること」　what the graph says
　　　　　　　　　　　　　　　what the graph tells us
　　　　　　　　　　　　　　　what the graph shows

「本の内容」　what the book says
　　　　　　　what the book tells us

「記事の内容」　what the article says
　　　　　　　　what the article tells us

「生産チャートの内容」　what the production chart says
　　　　　　　　　　　　what the production chart tells us

◆ 魔法の動詞 improve

　もう1つ、非常に使える表現が improve という動詞です。**「話すことに詰まったら、improve を使う技」**と覚えておいてください！

improve the situation「状況を好転させる」

improve our health「健康状態を改善する」

improve the environment「環境を改善する」

improve our relationship「関係を改善する」

　上記のように improve 〜とさえ言っておけば、相手にいい印象を与えやすくなり、後に続ける内容を思いつきやすくなります。例えば、〜 improve the situation と述べた後、, and please allow me to tell you how I'd make it happen（そして、私なりの実現方法について話させていただきたいと思います）のように、即座に説明の展開が考えられます。

　また、improve は英検、TOEFL テストをはじめとする英語のスピーキング試験でも、非常に便利な必須表現です！

◆ 無生物主語、関係詞、it の使い回しに一気に慣れる！

　A の最後にある the situation has been what it's been は「状況がこのようである」という意味で、the situation has been like this [this way] とほぼ同じです。早口で話されることも多く、いきなり言われるとぎょっとしますが、慣れておけばまったくこわくありません。前のユニットに出てきた it is what it is と同じ感覚で使います。

　it's been what it's been と主語を it で覚えておくと、「主語に困ったら it にする技」によって、「まあ、こんな感じだから」など、主語のない日本語も瞬間的に英語化して発話することが可能です。すべて一息で言えるので、しっかり音読しておくと、カジュアルな英語のリスニングスキルを一気に伸ばすこともできます。

それぞれ1語のように、1つの名詞として一息で音読しましょう。

1. **what** we can't do　私たちにできないこと

2. **where** this project might be going　このプロジェクトの行く末［行く先］

3. **what's** going on　発生していること、起こっていること、現状、現況

4. **what** the data tells us　データの内容［意味］

5. **what** we want to do　私たちがやろうとしていること、目標、挑戦

6. **what** it's been　このような状態、状況（= like this [this way]）

7. **what** we're trying to do　私たちがやろうとしていること、目標、挑戦

8. **what** we have　私たちが持っているもの［使えるもの］

パワー音読トレーニングです。右ページの英文を使って、A、B両方のパートを音読しましょう。詳しいやり方はp.19〜21を参照してください。

1. チャンク音読	**4.** 和訳音読
2. ノーマル音読	**5.** 感情音読
3. ささやき音読	**6.** タイムアタック音読(5分)

✓「聞こえる耳」を手に入れ、「楽に」話す練習でもあります。1人2役&関係詞節で会話の「呼吸」をつかみましょう!

✓関係詞節の意味のかたまりが1語のように、英文にバチッとハマる感覚を味わいましょう!

✓カラー字は強く(=高く)、グレー字は「〜ッ」のように省略する(=はっきり発音しない)ことによって、感情を込めやすくなります。

✏️「和訳音読」用に自分なりの和訳を書いてみよう。

A:

B:

A: , which is Also WHAt I'm tRYing to do …

THAt's why I THInk, insTEAd of WAsting our time WOrrying about what we CAn't do and where this pROject might be going, we tRY to SHAre what's going on and what the DAta tells us, so we can COme up with NEw ideas to FInd a WAy out and impROve the situation.

I DOn't think we should give up DOing WHAt we want to do JUst because the situAtion has been WHAt it's been.

B: Okay, it's a BIg if, but If what we're trying to do works JUst as we WAnt it to, MAking the MOst of WHAt we have … then WHAt difference do you Actually think we can make in a situAtion like THIs?

（123 語）

A: As you can see in the figure, if we could improve our performance this way, we would significantly lower the risks involved and have much more headway dealing with what's going on while making it look like we're doing fairly well to the eyes of our competitors.
This is what we should do while always keeping track of what our competitors are up to.

B: All right.
Now I guess what you're saying is starting to make sense, and I'm starting to figure out why it's been what it's been and how we can cope with it.
Looking back, facing a difficulty like this always has been a part of our job, and that's what makes us what we are, which is what sets us apart from our competitors …

We've always made up stuff out of thin air no matter what situation we were in.

日本語訳

A: 図表［数字］を見ればわかるだろうが、このようにパフォーマンスを上げ
ることができれば、有意に関連リスクを減らし、現在の状況の打開に向け
て大きく前進できるはずだ。また同時に、図にあるように、同業他社には
ウチ［当社］の業績がかなりよく見えるはずだ。これこそウチがやるべき
ことなんだよ、他社の動向はいつも見ていなければいけないがな…。

B: わかりました。やっと、おっしゃっていることの意味がわかってきました。
状況がこのようなことになっている理由や、対処の仕方が見えてきました。
振り返ってみればですが、これまでいつだって、このような大変な事態と
向き合うのは仕事の一部でしたね。そしてそれが我が社の存在価値［アイ
デンティティー］であり、ライバル企業とウチの違いでもあるんですよね
…。いつだって当社は、どんな状況においても、いろいろ（アイデアを）
ひねり出してきたんですよね。

Useful Expressions

lower the risk　リスクを減らす

have much more headway　大きく進展［前進］する

make it look like 〜　〜のように見せる［見せかける］

keep track of 〜　〜の動向を把握する、〜から目を離さない、〜に対し
て（常に）アンテナを張る

what 〜 are up to　〜の動向、〜がやろうとしていること

I guess 〜　〜のようだ、〜なのだろう

〜 make sense　〜が意味を成す（＝〜に納得する）

looking back　振り返ってみれば

make up stuff [things] out of thin air　薄い空気から何かを作り出す（＝
物事［アイデアなど］を［想像力によって］ひねり出す）

センスを養うTIPS

◆「事なかれ主義」「見て見ぬふり」「どの面さげて」

　まず、A の発言に出てくる make it look like（～のように見せる［見せかける］）というフレーズに注目しましょう。Don't make it look like nothing happened. とすれば、直訳は「何も起こっていないように状況を見せかけるな」となり、「"事なかれ主義"は通用しません」「（データ・数値などの）"改ざん"はいけませんよ」「"見て見ぬふり"してるんじゃない！」などのように、ほぼ無限に日本語訳をつけることが可能です。この発想がインストールされていると、発話の瞬発力を飛躍的に上げることができます。「見て見ぬふり」には、Look the other way. のような表現もありますが、さまざまに発想を広げて楽しみましょう！

　make、it、look、like とすべてシンプルな表現で成り立っており、単語の使い回しのポテンシャルを高めるためにも、この言い回しは役立ちます。

　同じような意味合いで、He acts like nothing happened.（彼は何もなかったかのように振る舞う）と言うこともできます。

◆「創造力」を表現してみる

「創造力」という言葉を聞けば、creative/creativity という言葉が想起されがちですが、ここでもう少し想像力を使って、主語と動詞に「因数分解」してみましょう！

　B の最後にある make up stuff [things] out of thin air は、直訳すれば「薄い空気から物事を作り出す」となり、すなわち「物事［アイデアなど］を［想像力によって何もないところから］ひねり出す」という意味です。こう言えば、creative/creativity を使わずに、具体的なイメージを伴って「創造力」を表現することが可能です。ネイティブを含め、ナチュラルな「ふだん着」の英語を使っている人々は、このような発想が自然にできています。

　creative/creativity 系の逐語訳から離れて、「主語＋動詞」の意味の「因数分解」のプロセスを把握し、たくさん音読しておきましょう。これで、応用力のある「センス」のインストールが完了します。creative/creativity という単語を知っているだけでは身につかない、カジュアルな語感を養成し、「基本

動詞＋前置詞」のコンビネーションによる意味の広がりを体感しましょう。

また、ユーモアのセンスも、このような表現を知ることにより、どんどん養われていきます。

チャンク音読（一語認識トレーニング）　🔊 Track | 62

それぞれ1語のように、1つの名詞として一息で音読しましょう。

1. **the risks involved**　関連リスク、付随するリスク
2. **what's going on**　何が起こっているか、起こっていること（＝現在の状況）
3. **the eyes of our competitors**　同業他社の目
4. **what we should do**　私たちがなすべきこと
5. **what our competitors are up to**　同業他社の動向［やろうとしていること］
6. **what you're saying**　あなたが言っていること（＝あなたの意見）
7. **why it's been what it's been**　状況がこうである理由
8. **how we can cope with it**　私たちがどのように対処できるか（＝実行可能な対処の方法）
9. **facing a difficulty like this**　このような困難に直面すること
10. **what makes us what we are**　私たちを私たちたらしめるもの（＝アイデンティティー）
11. **what sets us apart from our competitors**　ライバル企業から当社を際立たせるもの［引き離すもの］（＝ライバル企業と当社の違いを作るもの）
12. **what situation we were in**　私たちの置かれた状況（＝私たちがどのような状況に置かれていたか）

パワー音読トータル・ワークアウト

　パワー音読トレーニングです。右ページの英文を使って、A、B両方のパートを音読しましょう。詳しいやり方はp.19〜21を参照してください。

1. チャンク音読	**4.** 和訳音読
2. ノーマル音読	**5.** 感情音読
3. ささやき音読	**6.** タイムアタック音読(5分)

✓「聞こえる耳」を手に入れ、「楽に」話す練習でもあります。1人2役＆関係詞節で会話の「呼吸」をつかみましょう！

✓ 関係詞節の意味のかたまりが1語のように、英文にバチッとハマる感覚を味わいましょう！

✓ カラー字は強く（＝高く）、グレー字は「〜ッ」のように省略する（＝はっきり発音しない）ことによって、感情を込めやすくなります。

✏️「和訳音読」用に自分なりの和訳を書いてみよう。

A: _____

_____

_____

_____

B: _____

_____

_____

_____

_____

_____

A: As you can SEE in the FIgure, if we could impROve our performance THIs way, WE would sigNIficantly LOwer the RIsks involved and have MUch more headway DEAling with what's going on while MAking it look like we're DOing FAIRly well to the Eyes of our comPEtitors as you see in the FIgure.

THIs is WHAt we should do while Always KEEping track of WHAt our comPEtitors are Up to.

B: All right.

NOw I guess WHAt you're saying is sTARting to make SEnse, and I'm sTARting to FIgure out WHY it's been WHAt it's been and HOw we can COpe with it.

LOOking back, FAcing a DIfficulty likeTHIs Always has been a PARt of our job, and THAt's what makes us what we ARE, which is WHAt sets us apart from our comPEtitors …

We've Always MAde up stuff out of THIn air no matter WHAt situation we were In.

(150 語)

タイムアタック音読 (WPM)

1 回目＿＿＿＿＿＿＿　　2 回目＿＿＿＿＿＿＿　　3 回目＿＿＿＿＿＿＿

A: So, do you know who we should talk to and ask for support?

It looks like you need to look outside the company?

It looks like you're not in full-swing to find the right people …

Can you tell me what's stopping you or making you hesitate?

B: Well, it's not that I'm not working on it, and we're still trying to figure out what the numbers will be and how the whole situation will play out …

I mean, it can wait a little more before we ask for support outside, and I don't think what's happening here should go out there and get recognized by our competitors.

So, for now, we still need to watch and keep track of what's going on …

日本語訳

A: それでは、相談および支援を求めるべきところはどこになるだろうか？　社外で探すことになるだろうか？　必要な人材の獲得に本気のようには見えないのだが…。どうして二の足を踏んでいるのだ？

B: あのう、取り組んでいないというわけではありませんし、まだどのような数字が出てくるかということと、全体の状況がどうなるかを見極めようと思っているのです…。と言いますか、社外に支援を求めるには時期尚早だと思いまして。ここ［社内］の状況が社外に漏れて、同業他社に知られてはならないと思います。とりあえず今は、状況を注視し、経過を追う必要があると思います…。

Useful Expressions

it looks like 〜　〜のようだ

in full-swing　全力で、全力投球で

go out there　世の中に出ていく（＝外部に漏れる［漏洩する・バレる］）

for now　今のところは（＝とりあえずは）

◆ who we should talk to と聞いてどんな日本語が思いつくか

A の 1 文目の who we should talk to and ask for support（相談および支援を求めるべきところはどこになるだろうか）を見てください。ここでの who は必ずしも特定の個人とは限らず、「会社や組織にもなりうる」ということに注目しましょう。

また、who we should talk to と、should とのコンビネーションによって「しかるべき筋」といったあいまいな日本語にも対応可能になります。「筋を通す」であれば「しかるべき筋［人物・組織］に声をかける」と解釈でき、we need to know who we should talk to before we ～で、「～する前にしかるべき筋に話を通しておく」という内容を表現できます。

◆ right の効果的な使い方

A の 3 文目で the right people が出てきます。「適切な人材」もしくは「しかるべき人物」という意味で、who we should talk to に近い意味となります。

英語では、このようにある人物が何らかの主張をするとき、同じ意味で別の表現に、何度も言い換えられていることに気づいてください。言い換えを行うと、「すぐに使える語彙」がどんどん増えることになります。

また、right ＝「正しい」だけではなく、appropriate（適切な）と同じような意味を持つと知っておくと、スピーキングで非常に重宝します。ちなみに Mr. Right と言えば、「理想の男性［彼氏・夫］」という意味になります。反対の「理想じゃない、自分と合わない男性」は、当然、Mr. Wrong となります。2 つを比較すると、ニュアンスがつかみやすくなりますね。

◆「主語にできないものはない」と知れば
「思えばすなわち英語」の境地に

繰り返しになりますが、**「関係詞節は無生物主語として使う」** 感覚を手に入れましょう。

B の 2 文目にある what's happening here should go out there を見てください。what's happening here（ここで起こっていること）が主語に当たり、当

然ですが、関係詞節そのものは人間ではありません。

　無生物主語と関係詞節に集中して触れ、練習しておくことで、**「主語にできないものはない」** ことが体感でき、発話の瞬発力はどんどん高まります。

それぞれ1語のように、1つの名詞として一息で音読しましょう。

1. **who we should talk to and ask for support**　誰［どちら・どの部署・組織］に相談および支援を求めるか

2. **what's stopping you or making you hesitate**　何があなたを引きとめ、躊躇させているのか（＝あなたを引きとめ、躊躇させているもの）

3. **what the numbers will be**　数字がどのようになるか（＝これから出てくる数字）

4. **how the whole situation will play out**　状況全体がどのように展開するか（＝全体の状況の展開の仕方）

5. **what's happening here**　ここ［社内］で起こっていること

6. **what's going on**　発生していること、起こっていること、現状、現況

パワー音読トータル・ワークアウト

　パワー音読トレーニングです。右ページの英文を使って、A、B両方のパートを音読しましょう。詳しいやり方はp.19 ～ 21を参照してください。

1. チャンク音読	**4.** 和訳音読
2. ノーマル音読	**5.** 感情音読
3. ささやき音読	**6.** タイムアタック音読(5分)

✔「聞こえる耳」を手に入れ、「楽に」話す練習でもあります。1人2役＆関係詞節で会話の「呼吸」をつかみましょう！
✔関係詞節の意味のかたまりが1語のように、英文にバチッとハマる感覚を味わいましょう！
✔カラー字は強く（＝高く）、グレー字は「～ッ」のように省略する（＝はっきり発音しない）ことによって、感情を込めやすくなります。

✏️「和訳音読」用に自分なりの和訳を書いてみよう。

A:

B:

A: So, do YOU know WHO we should TAlk to and Ask for supPORt?

It LOOks like you NEEd to LOOk Outside the company?

It LOOks like you're NOt in FUll-swing to FInd the right people ...

Can YOU tell me WHAt's stopping you or making you HEsitate?

B: Well, it's NOt that I'm NOt working on it, and we're sTIll tRYing to FIgure out WHAt the NUmbers will BE and HOw the WHOle situation will play Out ...

I mean, it can WAit a LIttle more beFORE we Ask for supPORt Outside, and I DOn't think what's happening HERE should GO out there and get REcognized by our comPEtitors.

So, for NOw, we sTIll need to WAtch and KEEp track of WHAt's going on ...

(121 語)

A: Good point.

What I think you're trying to say is that they can use the information in their favor, which may lead to even more loss for us …

Correct me if I'm wrong, but it seems that what you've been doing and providing doesn't match up to the customers' expectations even without what's happening this time …

As you see in the figure, unfortunately, we're falling more and more behind.

So, exactly what do you think you should do to turn the whole situation around?

B: I believe we should set new rules where we can have better control over what is being done.

The rules we have now are incomplete and unclear, which gives too much flexibility and freedom to everybody working here, which is why they think they can change things the way they want whenever they want and things never go as planned, which always keep us behind schedule.

日本語訳

A: なるほど、一理あるな。君が言っていることは、やつら［同業他社］がその情報を自分たちの都合のいいように使えるし、そしてそれはウチ［当社］の傷口を広げる［損害を増やす］可能性があるということだな…。間違っていれば指摘してくれて構わないが、君がやってきたことや出してきたことは、今回の件がなかったとしても、顧客を満足させることはできないんじゃないのか…。図表を見ればわかるが、残念ながらウチ［当社］は後れを取りつつある。そこでなのだが、君は、この一連の状況を好転させるには、具体的に何をすればいいと思う？

B: 私は現在進行中の業務に対して、よりしっかりと管理ができる新しい規則を設けるべきだと思います。現行の規則は不完全で明瞭性に欠け、そしてそれが当社で働く全員に過剰な柔軟性［規則の解釈の幅］と自由度を与えてしまい、さらにそのせいで、彼らが好きなときに好きなように諸々変えることができると思わせてしまい、何も計画通りに進まず、加えてそのせいで、当社はいつも予定から大きく遅れてしまっているのです。

Useful Expressions

Good point.　いいことを言うね、一理あるね、いい指摘だね

in one's favor　（人）の都合のいいように

lead to ～　～につながる、～の原因となる

correct me if I'm wrong, but ～　間違っていたら教えてほしいのですが～

match up to ～　（期待などに）かなう

fall behind　後れを取る

turn ～ around　～を好転させる、～を打開する、～を回復させる、～を立て直す

have control over　～を管理［制御・抑制・支配］する

go as planned　計画通り進行する

behind schedule　予定より遅れている

◆ さらりと相手と打ち解ける

A が冒頭で言う Good point. は、「いいことを言うね」「一理あるね」「いい指摘だね」という意味です。軽妙な返しに便利な表現で、発話の機会を得る有効な手段となります。

また、ミーティングや交渉などにおいて、この表現 1 つで相手と打ち解け、心を開いてもらうことも可能です。

◆ 謙虚で丁寧に、そして確実に意見を言うチャンスを作る

A の 3 文目の Correct me if I'm wrong, but は、「間違っていたら教えてほしいのですが」という意味で使われます。話し始めるときに言うだけで、謙虚な姿勢を相手に伝え、自分の発言のリスクを下げることができます。また、聞きにくいことも言いやすくなる、必須の便利表現です。

会話では、上司の A が部下に向かって、Correct me if I'm wrong, but it seems that 〜と it seems that 〜を組み合わせて言うことで、さらに雰囲気を穏やかにして、発言しやすい効果を演出しています。

◆ 「〜ということになるかもしれない」と切迫感を持って説得する

A の 2 文目にある lead to 〜（〜につながる、〜の原因となる）は、無生物主語との相性が抜群で、緊迫した議論で差し迫るリスクを伝えるときに最適の表現です。

会話では、they can use the information in their favor, which（やつら［同業他社］がその情報を自分たちの都合のいいように使えるし、そしてそれは）が 1 つの長い無生物主語として機能しているととらえて、しっかりと一息で音読してください。英語を瞬間的に口に出すだけでなく、先頭から聞き［読み］、瞬間的に理解する力が飛躍的に向上します。

私のオススメの応用技は、ひとしきり話した後、, which may lead to 〜（で、それが〜につながる［を引き起こす］可能性があるのです）と、lead to 〜と「,（カンマ）which」を組み合わせて途切れなく主張を続けることです。

◆「,（カンマ）which ＋関係詞」でさらに鋭い返し技をマスター

B が上司の A に返答するなかで、**which is why** they think 〜という文のつなぎ方を行っています。「そしてそれが〜の理由なのです」という意味ですが、why の代わりに他の関係詞でも当然応用可能で、非常に重宝します。

例えば、

, which is where we need to start thinking（そしてそこから［すべてを］考えていかなければならないのです）

, which is what you think（で、それはあなたの考え［意見］ですよね）

や、「意見の相違を伝える」ときの

, which is how it happened（そしてそれは〜のように起こったのですよ）

のように、「当意即妙の返しの技術」として相手の話が終わる「際」をとらえ、即座に反応することができます。

チャンク音読（一語認識トレーニング）　　🔊 Track｜**66**

それぞれ 1 語のように、1 つの名詞として一息で音読しましょう。

1. **what** I think you're trying to say　あなたが言おうとしていると私が思う こと

2. **what** you've been doing and providing　あなたが行い、供給している こと ［もの］

3. **what's** happening this time　今回起こっている こと

4. **new rules** where we can have better control　より良い管理が行える 新しい 規則

5. **what** is being done　行われている こと

6. **the rules** we have now　今私たちが持っている 規則（＝現行のルール）

7. **why** they think they can change things the way they want　彼らが好きなように諸々［いろいろ］変えられると思う 理由

211

パワー音読トレーニングです。右ページの英文を使って、A、B両方のパートを音読しましょう。詳しいやり方は p.19 〜 21 を参照してください。

1. チャンク音読	**4.** 和訳音読
2. ノーマル音読	**5.** 感情音読
3. ささやき音読	**6.** タイムアタック音読(**5分**)

✔「聞こえる耳」を手に入れ、「楽に」話す練習でもあります。1人2役＆関係詞節で会話の「呼吸」をつかみましょう！

✔関係詞節の意味のかたまりが1語のように、英文にバチッとハマる感覚を味わいましょう！

✔カラー字は強く（＝高く）、グレー字は「〜ッ」のように省略する（＝はっきり発音しない）ことによって、感情を込めやすくなります。

✏️「和訳音読」用に自分なりの和訳を書いてみよう。

A:

B:

A: GOOd point.

What I THInk you're trying to say is that they can Use the information in THEir favor, which may LEAd to even MORe LOss for us …

CorREct me if I'm wrong, but it SEEms that WHAt you've been doing and providing DOesn't match up to the CUstomers' expectations Even wiTHOUt what's HAppening this time …

As you SEE in the FIgure, unFORtunately, we're FAlling MORe and more beHInd.

So, eXACtly WHAt do you think you should do to TURn the whole situation around?

B: I beLIEve we should set NEw rules where we can have BEtter control over WHAt is being DOne.

The RUles we have NOw are incompLEte and uncLEAR, which gives TOO much flexibility and freedom to Everybody working here, which is WHY they THInk they can CHAnge things the way they want wheNEver they want and things NEver go as planned, which Always keep us beHInd schedule.

(150 語)

タイムアタック音読 (WPM)

1 回目＿＿＿＿＿＿　　2 回目＿＿＿＿＿＿　　3 回目＿＿＿＿＿＿

A: All right.

I heard what you had to say for this one, and what you say makes a lot of sense to me now, and I'd like you to tell us what you think we can do to make more positive changes to improve whatever we do.

Do you have any other input?

B: What I'd like to say is, instead of selling what is very expensive, which is hard, why don't we make it much cheaper?

Instead of trying to make the customers buy what we sell for fairly high prices, why don't we invest more in R&D so that what we sell becomes much cheaper and more competitive?

日本語訳

A: よしわかった。今回の件での君の言い分はわかったし、今は言ってくれたことにしっかりと納得している。そして当社のパフォーマンス［やっていること］の改善に向けて、もっとプラスの変化を起こすためにウチ［当社］は何ができると思う？　他にアイデア［意見・情報・アドバイス］があれば教えてくれたまえ。

B: 私がお伝えしたいのは、売りづらい高価な商品を販売する代わりに、価格を下げるのはどうでしょうか、ということです。かなりの高値でお客様に当社の商品を買うよう説得を試みる代わりに、研究開発にもっと投資をして、製品の大幅な低価格化を図り、製品の競争力を高めていくのはどうでしょうか？

Useful Expressions

what you have to say　あなたの言い分［言うべきこと・伝えるべきこと］

～ makes sense to me　～は私に意味を成している（＝私は～に納得している）

input　アイデア、意見、情報、アドバイス

instead of ～ ing　～する代わりに

fairly　きわめて、かなり

R&D (Research and Development)　研究開発

competitive　競争力のある

センスを養うTIPS

◆ 難訳語「納得しました」を英語にしてみる

A が B の意見に納得して、what you say makes a lot of sense to me と言って
いますが、この make(s) sense という表現を使えるようになりましょう。

よく「意味を成す」と訳されますが、これでは具体的なイメージがとらえ
にくいですね。つまり、典型的な英語的発想の表現だとみなします。そこ
で、〜 make(s) sense (to me) に対応する日本語訳を、「(私が)〜に納得した
よ」と覚えておけば、そのニュアンスは非常につかみやすくなります。

「君の言うことに納得したよ」は、What you say makes (a lot of) sense (to
me). なら「君の言うこと[意見・言い分]に(私は)納得したよ」とスッと
理解できるわけですが、主語に当たる部分が英語と日本語では見事に入れ替
わっていますね!　これで典型的な難訳語とされる「納得する」も、「発想
の違い」という壁を超えて、一瞬で英語に変換できるわけです。

◆ 英語で「たたみかける」技術と「型」!

次に、B の冒頭の発言に注目してください。

What I'd like to say is, **instead of** selling **what is very expensive, which
is hard, why don't we** make it much cheaper?

↓

What I'd like to say(言いたいことはですね)

instead of(〜する代わりに)

what is very expensive(非常に高価なものを)

, which is hard(そしてそれが難しく)

why don't we(〜すればいいではありませんか)

こうして分解してみると、非常に迫力のある「たたみかける」コンビネー
ションであることがわかります。

太字以外の部分を入れ替えれば、さまざまな局面でこの「型」を使って、
説得力と熱意を演出することができるようになります。集中して音読にはげ
み、インストールしましょう!

◆ Why don't we ～? で話し相手と傍観者の心をつかみ、
空気を変える！

　このユニットでは、B の発言で Why don't we ～? が連続して使われています。この表現は「～しようではありませんか？、～すればいいではありませんか？」と、「共に団結して何かをやろうではありませんか？」というニュアンスで、「話し相手や傍聴者を巻き込んで解決を図りたい」という気持ちを伝えることができます。ポジティブなニュアンスがあり、さわやかに問題提起をしたり、話をまとめたりするときに非常に便利です。この表現1つで「場の空気」を変え、話し合いを自分に有利な展開に持ち込むこともできます。

チャンク音読（一語認識トレーニング）　　🔊 Track | 68

それぞれ1語のように、1つの名詞として一息で音読しましょう。

1. **what** you had to say for this one　今回の件でのあなたの言い分［言うべきこと］
2. **what** you say　あなたの言うこと
3. **what** you think we can do　あなたが思う私たち［当社］にできること
4. **whatever** we do　何でも私たちがやること（＝私たちがやるあらゆること、我が社の活動全般）
5. **what** I'd like to say　私がお伝えしたいこと
6. **what** is very expensive　とても価格の高いもの（＝高価格な製品・商品）
7. **what** we sell for fairly high prices　私たちがかなり高い値段で販売しているもの
8. **what** we sell　私たちが売るもの（＝製品・商品）

🎤 POD パワー音読トータル・ワークアウト

パワー音読トレーニングです。右ページの英文を使って、A、B両方のパートを音読しましょう。詳しいやり方は p.19 〜 21 を参照してください。

1. チャンク音読	**4.** 和訳音読
2. ノーマル音読	**5.** 感情音読
3. ささやき音読	**6.** タイムアタック音読(5分)

- ✔「聞こえる耳」を手に入れ、「楽に」話す練習でもあります。1人2役&関係詞節で会話の「呼吸」をつかみましょう!
- ✔ 関係詞節の意味のかたまりが1語のように、英文にパチッとハマる感覚を味わいましょう!
- ✔ カラー字は強く（＝高く）、グレー字は「〜ッ」のように省略する（＝はっきり発音しない）ことによって、感情を込めやすくなります。

✏「和訳音読」用に自分なりの和訳を書いてみよう。

A:

B:

A: All right.

I HEARd what you HAd to say for THIs one, and WHAt you say makes a LOt of sense to me now, and I'd LIke you to TEll us what YOU think we can do to make MORe positive changes to impROve whatever we do.

Do YOU have Any other input?

B: What I'd LIke to say is, insTEAd of selling what is VEry expensive, which is HARd, WHY don't we make it MUch cheaper?

InsTEAd of tRYing to MAke the customers buy WHAt we sell for FAIRly high prices, WHY don't we invest MORe in R&D so that WHAt we sell becomes MUch cheaper and MORe comPEtitive?

(109 語)

タイムアタック音読 (WPM)

1 回目_____ 2 回目_____ 3 回目_____

┃英語での会話がストレスなくスムーズに！

鳥羽修平
三重大学医学部附属病院心臓血管外科

　感情とリンクさせた音読や、基本動詞や関係詞を重視した音読は、合理的かつ効果的な方法だと感じています。

　これまでも音読を重視したトレーニングはしていましたが、いざ実践となると1問1答のような会話しかできず、会話が盛り上がらないのが悩みでした。

　パワー音読（POD）のコンセプトである関係詞や基本動詞を用いた表現は、まさに会話を途切れさせないキモであり、これらを意識するようになってからは、今まで漫然と繰り返していた音読に緩急をつけ、明確な目標を持って取り組めるようになりました。実際の会話でも、内容を広げて話し続けることができるようになったと感じています。

　直接の訳語を知らなくても簡単な単語をつなげて言い換えられることが増え、ストレスなく、気軽に話せるようになりました。また、自分の感情と直結した表現を意識することでスピーキングの瞬発力が増し、「じっくり英訳を考えてから話す」ことが少なくなりました。

　これらを意識したパワー音読のトレーニングを繰り返すことで、会話に詰まることが減り、一度は落ちた英検1級2次試験にも無事、合格することができました。また、海外から学会に招聘された先生を4日間アテンドした際も、充実した会話ができ、パワー音読の効果を実感しました。

　特に、日本的な神社仏閣を案内するときなど、明確な訳語では説明が不十分な場合や、漠然とした概念の説明、刻々と変わる状況や感情の描写といった、丸暗記で対応できない場面で役立つ強力なメソッドだと思います。

Chapter

4

まとめの
トレーニング

「実戦！　トレーニング」UNIT 1 〜 28 の英文と日本語訳を一気に掲載しています。
これまでの章で学んだことを復習するとともに、パートごとのパワー音読トレーニングにチャレンジして、さらに英語スピーキングの「瞬発力」を高めましょう！

PART 1　同僚の相談に乗る 🔊 **69**
PART 2　効果的に自己アピールする 🔊 **70**
PART 3　Q&A（質疑応答）での応酬に備える！ 🔊 **71**

A: What's wrong? You don't seem like yourself. Why don't you tell me what's happening? I could kind of tell because of the way you've been behaving lately.

B: Well, whatever I say and do goes wrong and gets misinterpreted, and now I don't even know what it actually means to work in a place like this. Just the thought of the same thing happening again clouds my mind and takes away my motivation.

A: Hey, I don't know what happened, but you should stop being so hard on yourself. You, I mean, nobody can control everything … instead of beating yourself up like that, why don't you focus on what you can actually do? Maybe you should step back and see the whole picture, then you can probably find out what you're doing wrong so you can learn how to get it right …

B: Well, that's what I've been trying to do, but just so many bad things happened in such a short time that I don't even know where to start. Lately, I've been thinking that this is just the kind of job where I always come up short, I mean I just don't have what it takes … this is not what I'm cut out for.

A: Okay, here's what I think. I actually can relate to that. I mean I used to find myself in a situation where I felt about myself that way. Then, what I learned was to decide what's important and let go of the rest. Maybe you're just too busy trying to make everyone happy but yourself.

B: You do have a point there … I tend to worry too much about how others feel about what I do or how I behave. I can't even remember the last time I was happy. Recognizing that I'm not happy makes me feel even less happy, and that's how I get into the vicious circle and I can't find a way out …

A: What works to make me feel better is not paying attention to what others say about what I do. I mean I learned to let it slide not to let it affect me. People do not change no matter what you do. It is what it is, and we need to face it. Don't you think it's much easier and less time-consuming to change the way you deal with what happens and what they do to you?

B: Thanks, I do appreciate what you said, which makes me feel much better. However, it just doesn't stop there … My inhumane workload and crazy working hours keep me away from my family too much, which keeps them unhappy as well.

A: Oh, I can imagine that. That's absolutely what we have no control over … I really hate it when the situation doesn't allow you to do whatever you really want to do.

日本語訳

A: どうしたの？　君らしくないじゃない。どんな状況になってるか話してくれないかな？　何となくわかるんだよね、最近の君の様子のせいで。

B: えっとね、自分が何を言おうがやろうが、おかしなほうに向かってしまって誤解しか生まないし、こんなところで働く意味っていったい何なのかさえわからなくなってしまって。毎回毎回同じことの繰り返しなんだ、って思うだけで、思考力が鈍ってやる気も失せてしまうの。

A: ねぇ、何があったかはわからないけど、自分をそんなに責めるのはやめたほうがいいよ。君、というか、誰だってすべてを思ったようにはできないんだし…自分をそんな風に痛めつける代わりに、実際に自分ができることに専念するのはどうかな？　少し落ち着いて状況全体を把握するのもいいと思うし、そうしたら間違いを発見して軌道修正もできると思うんだよね…。

B: えっと、まさにそういうことをやろうとしてきてるんだけど、短期間で嫌なことがあまりにも多く起こりすぎて、いったいどこから手をつけたらいいかわからないの。最近思うんだけど、この手の仕事って私は必ず期待に沿えない結果になってしまうし、何というか素質の問題なんだよね…私には向いていない仕事なんだ。

A: なるほどね、自分は思うんだ。本当にその気持ち、わかるよ。自己評価がそんな風になってしまう状況に陥ってしまったことも多々あったしね。それで、何が大切かを決めて残りは捨てなきゃ［断捨離しなきゃ］な、ってわかったんだ。きっと君は今、周りの人のことばかりに気を使って、自分のことを犠牲にしてるんじゃないかな。

B: 確かにそうかもしれない…自分のしていることや振る舞いを周りの人がどう思っているかについて、ついつい心配してしまう性質なの。自分が幸せだな、って感じたのがいつかさえ覚えていないし。自分が幸せじゃない、ってわかることでさらに気持ちがへこんで、そんな感じでドツボにはまってどうにもならなくなるんだよね…。

A: 自分のメンタル回復に役立つのは、自分の行動に対して周りが言うことを気にしないことだね。というか、いろいろ水に流してダメージを受けないようにする術を学んだというかね。こちらが何をしたところで、他人を変えることなんてできないんだしさ。世の中はそんなものだし、現実的にいかないと。起こることや他人が自分にしてくることに対して、こちら側で対処を工夫したほうが楽だし、時間もかからないとは思わない？

B: ありがとう。そう言ってくれてうれしいし、そのおかげで気持ちが楽になったよ。でもね、問題はそれだけじゃないの…。仕事量が非人道的に多すぎるのとメチャクチャな勤務時間のせいで、家族と過ごせる時間なんてないし、家族もイライラしてるんだよね。

A: なるほど、それは想像がつくよ。だって、それはまさにこちらではどうにもできないことだからね…。本当にやりたいことができない状況って、自分も最悪だと思うしね。

Some people working here say it's just the way it is and that's what this job entails. Hey, you're making me want to change my job, too … When I'm unhappy, with no time for my family, it's simply no good for anybody in my family.

B: I'm telling you. It's not worth it, is it? Don't you think it's important to know what a thing really is and what we want it to be? We'd better face it and come up with a plan to make a change in our lives. After I turned 35, life moved very fast. I mean, much much faster than I thought it would. At the end of the day, no issue can solve itself …

A: It's funny that now you're the one who's giving me advice. I thought I was doing what I could, but I should be aware of what's happening, so I can find new job opportunities. You made me notice that I'm sick and tired of just letting life decide. But then, it's important to figure out when to act and only bring what I can carry. I think it can wait till the time is right.

B: Yeah, for me the best way to forget my own worries is to worry about the problems of other people, I suppose. Anyway, I think it's very important to keep track of what this company and our bosses are up to no matter what change we're trying to make. I'm pretty sure it will go okay if we just keep what we do from the office politics and the peer pressure, which always prevent us from doing what we're trying to do.

PART 2　効果的に自己アピールする

A: How did you first get into this field?

B: I started developing an intense interest in this field in my early teens, but the lack of knowledge and materials and financial support during that time prevented me from preparing until my college years when I was 18 years old. The moment I started studying, I knew what I wanted, which was to do this job, hopefully in this company. I didn't know how or when, only that I needed to prepare myself with more knowledge and then to perform in the real world.

A: Obviously, this profession is very different from what you've been through. How would you deal with the challenges you may face?

B: Well, I always take what I do seriously no matter what happens, and being proactive

ここで働いてる誰かが言っていたな、それはそういうものだし、この仕事では当たり前のことだってね。何かさ、君のせいで自分も転職したくなってきちゃったよ…。幸せでもなく、家族と過ごす時間もないとか、家族の誰もが不幸だよね。

B: まさにそういうことなの。こんなことやってられない［こんな職場にいられない］よね？物事の現実と自分の物事に対する願望って、分けて考えることが大事だと思わない？　現実をしっかりと見て生活を変える計画を考え出さないとね。35 歳になってから今まで、一瞬で時間がたってしまった。何というか、思っていた以上に早くて。結局のところ、放置して解決することなんてないんだし…。

A: アドバイスをする立場が逆転してて、何だかおかしいね。自分としてはできることをやっていたつもりなんだけど、現実をしっかりと把握して新しい仕事を見つけないといけないよね。君のおかげで、自分は運命にもてあそばれることに嫌気が差していたんだと気づいたよ。ただ、行動を起こすためのベストなタイミングをじっくり待ったり、無理しすぎたりしないことも大切だけど。時期が来るまで待てばいいと思うよ。

B: そうね。私的には、きっと他人の心配をすることが自分の心配事を忘れられる一番の方法みたい。とにかく、どんな風に変化を起こすにしても、会社と上司たちの動向をしっかりと把握しないといけないと思うの。いつもやろうとしていることに水を差してくる職場の人間関係や同調圧力に触れないように［周りの人間にばれないように］物事を進めていけば、まぁ何とかなるとは思うんだ。

訳

A: どのような経緯でこの分野を選択［に参入］されたのでしょうか？

B: 10 代前半のときにこの分野に強い興味を持ち始めましたが、当時は知識や資料、そして経済力がなかったので、大学に入る 18 歳まで（具体的な）準備はできなかったのです。勉強を始めてすぐに、自分のやりたいことがわかりました。それができることなら、貴社で仕事をすることだったのです。いつ、どのように始めたらいいかはわかりませんでしたが、とにかく知識を身につけて実社会で活躍したかったのです。

A: この業種は明らかに、これまで経験されてきたものとは違っていますよね。今後、いろいろと困難もあるかと思いますが、どのように対応されるつもりでしょうか？

B: そうですね、何があろうと真剣に物事に取り組むようにしており、前向き［積極性］こそが私の持ち味［真骨頂］なのです。

is part of my nature, which is what makes me who I am. So, I always try to figure things out on my own while I'm always ready to respond quickly to what actually happens. That's how I usually come up with solutions no matter what situation I'm in.

A: Sometimes teamwork can be a big challenge. How would you cope when things don't go as expected while managing a team?

B: I'd say that's what I'm good at because of what I went through lots of times in my past experience. People often say you can't change human nature and people are inherently negative, but I don't think that's true. If you expect the best of people, they'll step up, which can give me even more opportunities to bond with the team members.

A: How do you feel about this industry in general?

B: Whatever you create and sell will go out of style at some point, whether it's the design, the performance, or the change in customer needs. What we create can come back at some point, but they often come back in a slightly different way, and it's really rare that we can reuse what we've made in the past. The speed at which this cycle goes on is getting faster and faster. That's why I believe it's very important to keep track of what the customers want.

A: Where does your motivation come from? What keeps you going? Tell us about your driving force.

B: The intrinsic motivation is to become better at what I do in this field starting from scratch and drawing on the best in my potential, always doing what I can. When the results come in, I become more motivated to improve myself further. It is about doing what I want and what I can to the best of my ability. Obtaining more knowledge and expanding my frame of reference for this job is the best stress reliever for me as well. I would go so far as to say I need to extend my knowledge base to keep mental sanity.

A: Will you tell us about the greatest adversity you've had to overcome?

B: Well, I'd say it's what the people around me often told me about what I wanted to do, which is to work in this industry, as I said. However, those unpleasant comments also made me try harder to get where I wanted to go. When they questioned me about why I decided to stick to what I wanted to do, or said I didn't have what it takes, I could feel more than ever that the desire comes from within.

ですので、実際に何かが起こったときに対応できる態勢を整えながら、いつも自分自身で物事を解き明かす姿勢を持つようにしています。どのような状況であっても、たいていはそのようにして解決策を見いだしています。

A: チームワークは時になかなか大変なものですよね。チームのマネジメントを行ううえで想定外の状況となったときに、どのように対応をされますか?

B: これまでに何度となく経験してきたおかげで、そういったことは得意なほうだと思っております。よく世間では、人は本質的には変わることができず、本質的に悲観的だとも言いますが、私はそうは思いません。期待されれば人は良いほうに変わることができ、そしてそれがチームの仲間たちとの絆をさらに強める機会を与えてくれるのです。

A: この業界に対してどのような印象をお持ちですか? ざっくりとで構いません。

B: いろいろなものを創造し売ったとしても、いつか陳腐化するときが来ます。それ[その原因]がデザインであったり、パフォーマンスであったり、顧客のニーズの変化であったりするのですが。創造したものは再びブームになる可能性がありますが、わずかながら変化している場合が多く、過去に作ったものが再利用できることは非常にまれです。このサイクルが進むスピードはどんどん速くなっています。それゆえに、顧客が要求しているものについて、常にアンテナを張っておくことは非常に重要だと考えております。

A: やりがいはどんなところにあるのでしょうか? なぜ頑張れるのでしょうか? やる気の源について教えてください。

B: 内発的なモチベーションとしては、常にベストを尽くしつつ、一から自分の仕事を上達させていくことと、自分の潜在能力を完全に引き出すという思いがあります。結果が出始めると、そこからさらに自分を高めたいという気持ちが強くなっていきます。その根本となるのは、自分のやりたいことを突き詰め、できることを能力の限りやり尽くすことなのです。この仕事のために知識を増やし、知的な枠組みを広げていくことが、私にとって最高のストレス解消にもなるんです。極端な言い方かもしれませんが、知識ベースを広げていくことが、自分の心の平静を保つために必要なくらいなのです。

A: これまでの人生で克服することが最も困難だった逆境とは何でしょうか?

B: そうですね、私がやりたいことについて周りの人たちに(いろいろ)言われたことですね。そしてそれが、先ほどお伝えしたようにこの業界で働くことだったのです。しかしながら、そういったあまりうれしくない言葉のおかげで、自分の目標を達成するためにより一層頑張ることができたのです。私が目標にこだわる理由について問われたときや、才能がないと言われたときこそが、これが本当に私の心が欲しているものなのだと、それまで以上に感じることができたのです。

A: How did you cope with their criticism or negativity? Could you really stay focused on what you were doing in such a harsh situation?

B: At some point, I learned to let it slide, not to let what they said affect what I was doing. Consequently, the whole situation made me even more determined to prove them wrong, and the whole situation reassured me that this profession liked me and welcomed me after all. Now I can see that what happened in that part of my life was an important part of building my character through which I've gained confidence.

A: Where do you see yourself in five years?

B: I don't see an end point to what I do and enjoy because I know there's always more to do, and I enjoy finding out what that "more to do" is, and the list goes on and on!! I plan to improve myself as much as I possibly can, and I enjoy the process while my actual performance and goals matter.

A: Are you happy about what you do now?

B: It's tough, and it can be very unfair at times, but to be honest, I'm here, making decisions, working hard, serving people while doing what I want. It's very fulfilling. Another thing that makes me feel happy is that this job makes me think I'm somehow making a difference in the world and for the people I encounter.

A: Don't you think it may involve a lot of risks as you do it?

B: One thing's for sure. It often requires a careful, thoughtful approach, which I just think is a given. No matter what I try to do, I have to know what I'm doing, and what it means to be doing what I'm doing. I always have to do what I can to the best of my ability, which often involves stepping back and seeing the whole picture and breaking things into small steps and working on each step firmly while always trying to do it faster and better within what I'm able to do …

A: It'd probably be safer for you to keep the situation as it is, wouldn't it?

B: Well, the thing is, what used to happen still happens, and we've got to do what we've got to do in order to get what we want, which is to survive in this industry while providing what our customers want. I believe in progress and that's why I'm doing what I'm doing going forward. So, I don't think we need to accept the situation as it is. I just need to be cautious about not doing what we do in ways I could come to regret. By doing everything I can do, I hope to venture beyond any boundaries I may face.

A: そういった批判や否定的な見方に対して、どのように対応されてきたのでしょうか？　そのようなギスギスした状況で自分の仕事に集中できるものなのでしょうか？

B: いつの間にか、気にしないようになりましたね。外野の声のせいで自分のやっていることがダメにならないように。その結果として、そういった状況そのものが彼らを見返してやろうという気持ちにさせてくれましたし、またそんな状況のおかげで、私は結局のところ、この職業に本当に向いていると感じることができました。今となっては、この人生であのときに起こったことは、自分の個性を作る重要な部分であり、そしてそれを通して私は自信を得ることができました。

A: 5年後の自分はどうなっていると思いますか？

B: 仕事ややりがいは尽きせぬ道だと思っています。というのも、新たにやるべきことは常にあり、その「新たにやるべきこと」が何であるかを解き明かすことが楽しいのです。そして、やることを数え上げればキリがありません！　できる限り自己研鑽に励み、その過程を、現実におけるパフォーマンスやゴールを大切にしつつ、楽しんでいます。

A: 今のお仕事には満足されていますか？

B: きつくて、時には不条理もあるのですが、正直なところ、好きなことをさせていただきながら、現場に立ち、決断し、一生懸命取り組み、人様の役に立てているのです。とても充実しています。もう1つのやりがいとして、この仕事によって、私は世の中や出会う人たちに変化を起こしていると実感できる、ということがあります。

A: 業務においては、多くのリスクを負うことになるのでは、とは思われませんか？

B: 1つ確かなことがあります。慎重さや思慮深さが要求されることは多々ありますが、それは至極当然のことだと認識しております。どんなことに挑戦するときであれ、自分のしている仕事、そして自分が業務を遂行することが何を意味するかを熟知している必要があります。自分にできることは全力でやらねばなりません。そしてそれは、1歩下がって状況を俯瞰し、細分化して、1つ1つの段階に堅実に取り組み、同時に自分の能力の範囲内でより早く、そしてより良く行うことが要求されるのです。

A: このまま現状を維持したほうが無難ではありませんか？

B: ええっと、ただ問題は、過去に起こったことは繰り返し起こるものですし、求める結果を得るためにはやることをやらないといけないのです。そしてそれが、顧客のニーズを満たしつつ、この業界で生き残ることなのです。進化していくことが自分の信念です。だからこそ前向きにこうして、自分なりに行動しています。ですので、現状に甘んじる必要はないと思っております。とにかく悔いが残るようなことをしないように気をつける必要はありますが。自分にできることをすべてやっていくことで、どのような限界［制約・境界］に直面しようとも、乗り越えていきたいと思っています。

A: So, what do you think caused all the losses and damages? Do you feel any guilt about what happened?

B: I do feel bad about any losses and damages on either side of the conflict, but I do think it was a justified decision based on what we knew at that time. I mean everybody involved did what they could to work on it, but it still happened …

A: , which means it is not your fault and you're not accountable at all? Look at what the graph says … It tells us that what you did and what happened are apparently correlated.

B: I understand why you say that and exactly why you think it's what it appears to be … but, let me tell you … it's different from what it looks like. Statistics establish only correlations, not causes or effects. The correlations you mentioned do not establish anything causal though it looks like it does, which is where it gets tricky. These occurred by coincidence. Let me show you what the real cause is.

A: , which is what you think. All these things happened under your supervision in your jurisdiction, which you should take very seriously. You are being held accountable for what happened.

B: As I said, it's definitely very unfortunate that it happened, and I do feel bad about what's happening now between you and me, and I would like you to understand what the situation was, which was unavoidable no matter what we would've tried to do … so I'd even say it was somehow meant to happen, and that's because the whole situation did not allow us to see what was coming to us, which was something that was unavoidable …, which doesn't necessarily mean I'm against what you're telling me.

A: What I think we should do for now is to break what happened into fragments and go into the details in order to figure out what we can actually do about what's been happening, not ignoring the fact that we should be doing all these things as you can see in the figure. What do you think we should do first? We'd like to know what to do by the numbers, and we'll do the best we can.

B: , which I think is very hard to tell because we need to fix it for as long as it takes, and as you can probably see, this is just a very slow and time-consuming process, which has made it much tougher than we thought to figure out what we can do right away … Chances are it will take a lot longer than we might think it will, which

日本語訳

A: 一連の損害と被害の原因は何だったと思うのか？　君は（起こったことに）罪の意識は持っているのか？

B: お互いに被った被害と損害については遺憾に思っておりますが、本件は当時において我々が把握していた知識に基づいて下された、根拠ある決定だったと強く思っております。当事者全員ができる限りの取り組みを行いましたが、このような結果となってしまいました…。

A: では、それは君の失敗ではなく、責任もないということなのか？　グラフをよく見るといい。君のやったことと発生した事案は明らかに相関していることがわかるはずだ。

B: なぜそのように言われ、これが見たままだと思われるかもわかります…でも本当なのです…これは見かけ上とは違ったものなのです。統計は相関関係を証明することはできても、因果関係を証明することはできないのです。おっしゃっていた相関は、見かけ上はそうであっても、因果関係については何も証明してはいません。そしてそこがややこしいところではあるのですが。これら（の事象）は偶然の産物です。では、本当の原因をお見せしたいと思います。

A: そしてそれって、君の側の言い分だろう。一連の事象は君の指揮下および管轄で発生したんだ。そしてそこを真剣にとらえるべきだ。この事案に対して君には説明責任がある。

B: 先ほどお伝えしましたように、このようなことになってしまい大変残念に思っていますし、私たち当事者間でこのようなやりとりが行われていることも大変遺憾なことですが、わかっていただきたいのは当時どのような状況であったかということと、そしてそれがどのような対応を取ったにせよ避けられなかった［不可抗力だった］ということなのです…ですので、言葉が過ぎるかもしれませんが、それは起こるべくして起こったのでしょうし、置かれていた状況のせいで何が起こるか予見できなかったことがその理由で、そしてそれは不可避のことだったのです…そしてそれは、おっしゃっていることに反論しているというわけではないのです。

A: 私が思うに、当面やるべきことは発生した事案を細分化し、詳細を調べて、この継続事案に対して実行可能な対応を見極めることだろう。図表［数値］を見ればわかると思うが、これらのことはすべて実行できていないといけない。それを当然忘れてはならないんだ。まずはどこから着手すべきだと思う？　定石通りに対応する方法を知りたい。最善を尽くそう。

B: まさにそこが私の考える困難な点なのです。というのも、これだけ長い期間ずっと修正を継続する必要があるわけですから。そしてきっとお察しの通り、これはとにかく緩慢で時間を浪費するんです、そしてそのせいで我々の予想を大きく超えていて、早急に対応策を考え出すことが困難なのです。ひょっとしたら、この件は思っているよりもはるかに時間がかかり、いらだたしくもあります…

is very frustrating … though I hate to say this.

A: , which I think is a given, and we've got to do what we've got to do, and we've always done what we tried, which is what makes us what we are and what sets us apart from all the other competitors. I agree that the situation is tough, but we've got to be doing whatever we can, I mean we've got to be doing everything we can, and what I think we can do is to try to see where we can do the most good first, and we'll probably see what we can do next, that's how it works.

B: You make it sound so easy but apparently it's not as easy as you might think it is. I'm telling you, it's way more difficult than you think it is. Please do not think it's exactly what it appears to be, I mean it's very different from what it looks like.

A: But what other choice do we have? Nothing!! What will change the situation for the better (in the long run) is to step back and see the whole picture first and then break it into small steps no matter what it takes, and make a list of what we should do, as I've said lots of times.

B: I want you to see what it is instead of what you want it to be. I'm telling you, it is what it is, and we're doing what we can for sure, and we're doing so to the best of our ability. So, it's not that we're not trying … It's just that we haven't found a way out yet, and chances are it has to wait a lot longer than we think for the situation to play out in our favor. It's frustrating but we should let time do the job for now.

A: , which is also what I'm trying to do … That's why I think, instead of wasting our time worrying about what we can't do and where this project might be going, we try to share what's going on and what the data tells us, so we can come up with new ideas to find a way out and improve the situation. I don't think we should give up doing what we want to do just because the situation has been what it's been.

B: Okay, it's a big if, but if what we're trying to do works just as we want it to, making the most of what we have … then what difference do you actually think we can make in a situation like this?

A: As you can see in the figure, if we could improve our performance this way, we would significantly lower the risks involved and have much more headway dealing with what's going on while making it look like we're doing fairly well to the eyes of our competitors. This is what we should do while always keeping track of what our competitors are up to.

B: All right. Now I guess what you're saying is starting to make sense, and I'm starting

このようなことを申し上げるのは心苦しいのですが。

A: まあ、それは当然とも言える。やることはやらないといけないし、今までだって（成功いかんにかかわらず）いつもそうやってきた。そしてそれがウチ［当社］の存在価値［アイデンティティー］で、ヨソ［同業他社］との違いなんだよ。厳しい状況だとは思うが、しかしウチはできることは何でもやらなきゃだめだ、というか、できることは片っ端からやらないといけない。そしてウチでできると思うことなのだが、最大の効果［パフォーマンス］が出せる部分をまずは見分けることだ。そうすればきっと、次にできることが見えてくるはずだから、そんなもんだろう？

B: 簡単におっしゃいますが、この件は思っておられるほど単純な話ではないのです。お聞きいただきたいのですが、考えておられるよりずっと困難があるのです。（問題の）見たままを信じないでください。というより、見かけというのは（本質とは）違うのです。

A: そうは言っても、他にどんな選択肢があるというのだ？　そんなものはないだろう !!（長い目で見て）状況を好転させるのは、まず 1 歩下がって全体を俯瞰し、状況の全体像を把握し、細分化することだ。何としてもそうしないといけない、そしてやるべきことをリストにするんだ。何度も伝えているだろう。

B: 理想ではなく現実のままを見ていただきたいのです。お聞き願います、現実はただ 1 つで［しょうがないので］、私たちは最善を尽くしておりますし、できることは能力ギリギリまでやっています。真剣に取り組んでいないわけではないのです…。とにかくまだ対応策が見つかっていないだけで、状況が好転するには、予想よりはるかに時間がかかる可能性があるのです。いらだたしい状況ではありますが、今のところは時間の経過に任せるほうがいいと思います。

A: それこそが、まさにやろうとしていることなんだよ。だからこそ思うのだが、実行できもしないことに気をとられて時間を無駄にしたり、このプロジェクトの今後を案じてばかりいる代わりに、現在の状況とデータ（の解析結果）を共有して対策を講じれば、状況を好転させることができるんだ。私は状況がこんなだからといって、あきらめるべきではないと思う。

B: わかりました。これはあくまで「もしも」の話ですが、当社がやろうとしていることが、利用できるものは最大限に活用し、計算通りに進んだとしまして、このような状況で現実的には何が変えられるとお考えでしょうか？

A: 図表［数字］を見ればわかるだろうが、このようにパフォーマンスを上げることができれば、有意に関連リスクを減らし、現在の状況の打開に向けて大きく前進できるはずだ。また同時に、図にあるように、同業他社にはウチ［当社］の業績がかなりよく見えるはずだ。これこそウチがやるべきことなんだよ、他社の動向はいつも見ていなければいけないがな…。

B: わかりました。やっと、おっしゃっていることの意味がわかってきました。状況がこのよう

to figure out why it's been what it's been and how we can cope with it. Looking back, facing a difficulty like this always has been a part of our job, and that's what makes us what we are, which is what sets us apart from our competitors … We've always made up stuff out of thin air no matter what situation we were in.

A: So, do you know who we should talk to and ask for support? It looks like you need to look outside the company? It looks like you're not in full-swing to find the right people … Can you tell me what's stopping you or making you hesitate?

B: Well, it's not that I'm not working on it, and we're still trying to figure out what the numbers will be and how the whole situation will play out … I mean, it can wait a little more before we ask for support outside, and I don't think what's happening here should go out there and get recognized by our competitors. So, for now, we still need to watch and keep track of what's going on …

A: Good point. What I think you're trying to say is that they can use the information in their favor, which may lead to even more loss for us … Correct me if I'm wrong, but it seems that what you've been doing and providing doesn't match up to the customers' expectations even without what's happening this time … As you see in the figure, unfortunately, we're falling more and more behind. So, exactly what do you think you should do to turn the whole situation around?

B: I believe we should set new rules where we can have better control over what is being done. The rules we have now are incomplete and unclear, which gives too much flexibility and freedom to everybody working here, which is why they think they can change things the way they want whenever they want and things never go as planned, which always keep us behind schedule.

A: All right. I heard what you had to say for this one, and what you say makes a lot of sense to me now, and I'd like you to tell us what you think we can do to make more positive changes to improve whatever we do. Do you have any other input?

B: What I'd like to say is, instead of selling what is very expensive, which is hard, why don't we make it much cheaper? Instead of trying to make the customers buy what we sell for fairly high prices, why don't we invest more in R&D so that what we sell becomes much cheaper and more competitive?

なことになっている理由や、対処の仕方が見えてきました。振り返ってみればですが、これまでいつだって、このような大変な事態と向き合うのは仕事の一部でしたね。そしてそれが我が社の存在価値［アイデンティティー］であり、ライバル企業とウチの違いでもあるんですよね…。いつだって当社は、どんな状況においても、いろいろ（アイデアを）ひねり出してきたんですよね。

A: それでは、相談および支援を求めるべきところはどこになるだろうか？　社外で探すことになるだろうか？　必要な人材の獲得に本気のようには見えないのだが…。どうして二の足を踏んでいるのだ？

B: あのう、取り組んでいないというわけではありませんし、まだどのような数字が出てくるかということと、全体の状況がどうなるかを見極めようと思っているのです…。と言いますか、社外に支援を求めるには時期尚早だと思いまして。ここ［社内］の状況が社外に漏れて、同業他社に知られてはならないと思います。とりあえず今は、状況を注視し、経過を追う必要があると思います…。

A: なるほど、一理ある。君が言っていることは、やつら［同業他社］がその情報を自分たちの都合のいいように使えるし、そしてそれはウチ［当社］の傷口を広げる［損害を増やす］可能性があるということだな…。間違っていれば指摘してくれて構わないが、君がやってきたことや出してきたことは、今回の件がなかったとしても、顧客を満足させることはできないんじゃないのか…。図表を見ればわかるが、残念ながらウチ［当社］は後れを取りつつある。そこでなのだが、君は、この一連の状況を好転させるには、具体的に何をすればいいと思う？

B: 私は現在進行中の業務に対して、よりしっかりと管理ができる新しい規則を設けるべきだと思います。現行の規則は不完全で明瞭性に欠け、そしてそれが当社で働く全員に過剰な柔軟性［規則の解釈の幅］と自由度を与えてしまい、さらにそのせいで、彼らが好きなときに好きなように諸々変えることができると思わせてしまい、何も計画通りに進まず、加えてそのせいで、当社はいつも予定から大きく遅れてしまっているのです。

A: よしわかった。今回の件での君の言い分はわかったし、今は言ってくれたことにしっかりと納得している。そして当社のパフォーマンス［やっていること］の改善に向けて、もっとプラスの変化を起こすためにウチ［当社］は何ができると思う？　他にアイデア［意見・情報・アドバイス］があれば教えてくれたまえ。

B: 私がお伝えしたいのは、売りづらい高価な商品を販売する代わりに、価格を下げるのはどうでしょうか、ということです。かなりの高値でお客様に当社の商品を買うよう説得を試みる代わりに、研究開発にもっと投資をして、製品の大幅な低価格化を図り、製品の競争力を高めていくのはどうでしょうか？

おわりに

　幼年時代から英語に慣れ親しんでいた人や長期留学が成功した人と、大多数の成人の国内独学タイプの人との決定的な差は、「英語の自動化」（英語を無意識に使えること）の有無だと私は考えています。

　しかし直訳を超え、感情や思考と密につながった高度な英語の自動化は、日本にいながらでも必ず実現できます。

　一般的な日本の英語教育を受けてきた人の場合、音読などの練習をかなりこなしていても英語の自動化ができない原因の多くは、

　「感情と英語が連動していない」

　「連動させるべき言葉の選択と組み合わせを知らない」

　「ラクに聞き取り、話すための発音練習を知らない」

　ということになります。

　国内独学タイプの人からよく、「やっぱり海外留学しないとだめなのかなぁ…」という心の叫びを聞いてきました。

　何より私がその1人でした。

　これは言い換えれば、「英語学習に恵まれた環境」で育った人たちは英語の知識の多寡にかかわらず、比較的苦労せずに「自動化を手に入れた」人たちだと言えます。

　また、国内独学タイプの人からは「あの人は帰国生で英語はペラペラだけど中身がない」などという言説もよく聞きましたが、私の耳には、これは無意識の「自動化が手に入らないためのくやしさ」のようにも聞こえたものです。

　わずかな例外はあれど、「英語は論理、とにかく論理なんだ」と強調する人に限って、肝心のふだんの会話が聞き取れず、発話スピードが鈍重で、すぐに話に詰まって会話が途切れるという現実を何度も見てきました。

　えらそうなことを言っているようですが、かくいう私自身もそうだったのです。

　グローバルな社会を生きる私たちにとって、「ディベート以外の英会話ができない」という状況は何としても避けなければなりません。

これは裏を返せば、日本語と同じように、「普通の会話が普通にこなせる人がディベートの技術を覚えることは可能で、相対的に楽でさえある」ことを意味しています。

どちらか一方、ではなく、「両方」ができたほうがいいに決まっているのです。

大丈夫です。

英語の「自動化」は日本国内で実現可能です。

職業としての同時通訳だけではなく、ICEEのトーナメントなどの英語ディベート競技や同時通訳競技もさんざんやってきた私ですが、正直なところ、「発話の瞬発力」が勝負の9割を決めたと言い切っていいと思います。

いくら洗練された論理やすごい知識があったとしても、実際の会話では瞬発力がないと相手に伝えることはきわめて難しくなります。

本書ですでに述べましたが、「口に出せない内容は存在しないのと同じ」なのです。

であれば、目的を明確にし、適切な練習をするのみ。

Unspoken words can never move listeners' spirits.

（語られない言葉が聞き手の心を揺さぶることはない）

と私はよく言います。

これは私が担当する医学学会のプレゼンのクラスにも当てはまります。

例えば、若き呼吸器内科医の方々は、北米、ヨーロッパ諸国をはじめ多くの国際学会で、頻繁に英語で発表し、質疑応答に臨む必要があります。

難関大学の受験を乗り越え、毎日膨大な量の英語の医学論文を読破する彼らの英文法の知識や英文解釈力は、当然、日本人の平均レベルを大きく超えています。

そんな彼らがいつも話してくれたのは、

「研究内容では勝っているのに、英語だと反論できなくてくやしい」

「国際学会で議論になると手も足も出ない」

「発表自体よりQ&Aがこわい」

「学会の後のカジュアルな会話がとても苦痛」

ということでした。

「医学的な専門知識や用語」という「共通のデータベース」が担保されてい

ない状況となったとたんに、会話が難しくなるという事実があるのです。

　彼らの世界もビジネスの世界と同じく、きれいごとではなく、いろいろな意味で勝負の世界です。

　とにかく相手の言っていることが聞き取りにくく、当意即妙に返せない。

　私自身が過去に嫌というほど味わったつらさを、彼らも経験していたのです。

　この傾向は、あまたの英語の資格試験を乗り越え入社された、楽天グループ株式会社やJALグループをはじめとするグローバルな企業のビジネスパーソン、そして海外に留学中のみなさんと、見事に共通していました。

　「きれいごとのない実戦」で求められている能力はいつも同じです。そのような局面で、本書に収めたトレーニングが驚くほど奏功してきました。

　また、本書にまとめた技術体系は、同時通訳や交渉など、さまざまな局面における私自身のパフォーマンスを支えてくれました。

　同時通訳の資料に目を通し、専門語彙の獲得に努めながらも、私はいつも目立たない、縁の下の力持ちである基本語たちに心から感謝していました。その感謝の心が、本書の執筆に着手した最大のモチベーションです。

　私のセミナーに参加してくださった方や著書を手に取ってくださった方から、医学学会、英語プレゼン、ビジネス電話会議などで「しっかりと英語で応じることができました」と報告をいただくと、私は自分のことのようにうれしく感じられます。

　本書に収録したトレーニングで、彼らは専門領域の壁を超えて、さまざまな会話が楽しめるようになった、と口をそろえて話してくれます。

　繰り返しになりますが、「自分自身の感情や思考にしっかりと興味を持てた時点で、英語習得の半分は終わっている」のです。

　「すべてを知る」のではなく、「すべてに影響を与えるスキル」を、そして「きれいごと」抜きの「有事の際になめられない技術」を。

Master the present.

横山カズ

【著者】
横山カズ

同時通訳者（JAL／日本航空ほか）。翻訳家。iU（情報経営イノベーション専門職大学）客員教授。関西外国語大学外国語学部スペイン語学科卒。20代半ばから英語を独学。武道、格闘技経験を活かし、外国人向けのナイトクラブのバウンサー（用心棒）を経験後に通訳キャリアを開始。以来、同時通訳者として、米国メリーランド州環境庁、IATA（国際航空運送協会）、AAPA（アジア太平洋航空協会）、元アメリカ陸軍工兵隊最高幹部ジェームズ・F・ジョンソン博士及び元アメリカ開墾局研究者デビッド・L・ウェグナー氏の通訳担当、生物多様性条約第10回締約国会議（COP10）関連シンポジウム等の同時通訳を歴任。英語講師：楽天、日経、JALグループ、学びエイド他多数。三重・海星中／高等学校・英語科特別顧問。角川ドワンゴ学園・N高校／S高校講師。武蔵野学院大学・元実務家教員。パワー音読（POD）®開発者。NHK、ジャパンタイムズAlpha紙など連載多数。著書：著書28冊（岩波書店2冊他）取得資格：英検1級。英語発音テストEPT100（満点：指導者レベル）国際英語発音協会認定・英語発音指導士® ICEEトーナメント総合優勝（2回）

ビジネス英語パワー音読トレーニング

著者	横山カズ
執筆協力	水谷理楽
イラスト	2階のスタジオ
ブックデザイン	山之口正和（OKIKATA）
DTP	Sun Fuerza
音声収録・編集	エートゥーゼット